KB082643

부동산, 주식, 가상자산부터
상속, 증여까지

절세의 모든 것

부동산, 주식, 가상자산부터
상속, 증여까지

절세의
모든 것

최인용 지음

책들의정원

저자는 재산제세와 기업세제를 깊게 연구하는 세무사로 다양한 실무 경험을 거쳤다. 이 책은 자산을 관리하고 운영하기 위한 투자자에게 필독서가 될 것이다.

_정현식 (프랜차이즈 협회 회장, 前 맘스터치 대표이사)

이 책은 추상적인 세금에 대해 구체적인 사례와 절세의 방법론을 제시하여 준다. 이 책에 구성된 다양한 표와 예시는 자산가들에게 쉬운 세금의 절세방법을 제시하는 이정표가 될 것이다.

_하형운 (前 메가커피 대표이사)

저자는 세무사 경력과 대학 강의를 통해 이론연구는 물론 풍부한 컨설팅 경험을 가지고 있으며, 또한 현장관리자로서 다른 사람들과 협업하는 것을 좋아하고 지식을 나누는 데 대한 투자를 아끼지 않는다. 이번 저서는 저자의 그러한 노력이 들어가 있다.
우리는 부동산과 주식을 운용하고 투자하는 데 어느 정도의 세금이 나오는지와 그에 대한 절세방법을 이 책을 통해 구체적으로 알 수 있다. 재산을 상속하려는 사람과 증여하려는 사람, 투자하려는 사람들을 위한 절세 책으로 추천한다.

_임채수 (한국 세무사회 부회장)

CEO에게 세금은 기업 운영을 위해 꼭 필요한 것이지만 잘못하면 큰 리스크가 되기도 한다. 이는 재산에도 마찬가지이다. 부동산, 주식, 가상자산 투자에 대한 세금 리스크를 줄이고자 한다면 이 책이 큰 도움이 될 것이다.

_김성윤 (연세대학교 프랜차이즈 CEO 총동문 회장)

이 책은 풍부한 실무 경험을 통해 축적된 노하우를 바탕으로 일반인들이 알기 쉽게 사례 위주로 설명된 책이다. 누구나 세금에 대해서 이해하기 편하게 되어 있어 세금에 대한 이해도를 한 단계 상승시켜 줄 세테크 필독서로 추천한다.

_박갑주 (매일경제 부동산 자산관리 최고경영자과정 원장)

본인이 알고 있는 지식을 글로 쉽게 표현하기란 정말 어려운 작업이다. 하지만, 이 책은 저자의 풍부한 경험과 지식을 바탕으로 부동산의 취득·보유·처분까지의 모든 절세방법에 덧붙여 주식과 가상자산의 절세방법까지 너무나 알기 쉽게 기술하고 있다. 이 한 권의 책이 여러분의 재산을 지키고 늘리는 데 큰 도움이 될 것을 믿어 의심치 않는다.

_안수남 (세무법인 다솔 대표 세무사)

이 책은 부동산과 주식투자에 대한 절세방법을 알기 쉽게 집필하여 투자자에게 매우 유용한 교재가 될 것이다. 자산가의 상속과 증여 시 세금에 대한 이해와 절세방법에 큰 도움이 될 것이다.

_이훈구 (세무법인 성신 대표세무사, 前 영등포세무서장 등)

20여 년간 납세자의 편에서 세법을 연구하고 고심해 온 이 시대의 핵인싸 절세의 달인 최인용 세무사가 눈높이를 낮춰 절세의 비법을 고스란히, 그것도 쉽고 안전하게 저술해 놓았다. 모든 투자자와 자산관리자의 필독서로 적극 추천한다.

_김호진 (세무법인 이안 컨설팅 대표세무사)

이 책은 부동산, 주식, 가상자산까지 취득과 보유, 그리고 처분 단계까지 아울러 실생활과 밀접한 내용으로 시각적으로도 이해하기 쉽게 쓰였다. 그야말로 시의적절하지 않다고 할 수 없다. 이 책의 저자는 많은 지점과 함께하는 가현 세무법인의 대표 세무사로서 전문지식을 토대로 숱한 강의와 필드에서의 실무 경험까지 쏟아낸 듯하다. 세금에 대한 훌륭한 길잡이가 되리라 믿어 의심치 않는다.

_박풍우 (대표 세무사)

부동산의 절세방법을 담고 있는 책들은 시중에서 쉽게 찾아볼 수 있다. 하지만 부동산에 그치지 않고 주식과 가상자산의 절세방법까지 담고 있는 책은 아마도 이 책이 유일하지 않나 생각해 본다. 저자의 풍부한 경험과 지식에서 나온 절세 노하우를 이 한 권의 책으로 배울 수 있다는 것 자체가 우리에겐 축복이 아닐 수 없다.

_지병근 (가감세무법인 대표 세무사)

세금 상식은 더 이상
부자들만의 이야기가 아니다

자산은 취득하고 보유하고 처분하는데 세금이 들어갑니다. 그리고 부동산과 주식과 채권, 가상자산은 각각 단계별로 세금이 다릅니다. 처분할 때는 양도세, 처분하지 않고 끝까지 가져가면 상속세, 죽기 전에 누구에게 무상으로 준다면 증여세를 내게 됩니다. 그래서 죽음과 세금은 피할 수 없다는 말이 나오기도 합니다.

그러면 '취득-보유-처분' 단계별로 이 세금을 정확하게 안다는 것은 투자 수익률 면에서 큰 도움이 될 것입니다. 특히 부동산은 주택과 토지별로 비과세되는 항목이 있고, 단기에 처분하면 세율이 높은 편입니다. 주식과 가상자산도 일정 금액별로 다르고, 또 종합금융투자소득세가 과세되기 전까지 비과세이기도 합니다.

무엇보다 세금은 자주 바뀌어 어렵습니다. 성경책보다 두꺼운 세법전을 이해하는 것은 문명의 역사를 이해하는 것만큼 어렵습니다. 그리고 매년 연중에도 개정이 되기 때문에 적시성을 갖추어 판단하기는 더 쉽지 않습니다. 바뀌는 세금의 개정 방향을 아는 것은 경제의 정책 방향을 아는 것과 마찬가지입니다. 이 책은 어려운 세법을 최대한 이해하기 쉽게 많은 도표와 그림을 통하여 서술하려고 노력하였습니다. 어려운 세금을 그림과 도표를 통해 흐름을 잡기를 바랍니다.

최근 주식과 가상자산의 세금도 혼란스럽습니다. 2022년 11월 16일 현재 세법도 정부의 입법안과 국회의 개정안이 결정되지 않아 관련 법안을 2023년부터 시행할지 2025년부터 시행할지를 두고 논란이 있어 투자자들이 결정을 내리기 어려운 상황입니다.

이 책은 2022년 기획재정부의 8월 21일 세법개정안까지 반영하였습니다. 이후에도 자산 가격의 하락으로 인한 조정지역의 해제 등이 추가로 바뀐 부분이 있습니다. 추후 개정판이나 매체 등을 통해 바뀐 내용은 보완하도록 하겠습니다.

이 책에 도움을 주신 분들이 많이 있습니다. 가현 세무법인의 임직원분들, 가현택스 동료 세무사님들, 그리고 든든한 케이택스 안수남 회장님을 비롯한 김상문, 김종필, 박풍우, 송재상, 장보원, 조영복, 주범종, 지병근 세무사님들, 매주 같이 하는 세무사 축구회 김호진 회장님을 비롯한 선후배 세무사님들 그리고 저에게 질문을 많이 주시는 대표님들과 마지막 일정까지 신경써 주신 책들의정원 출판사와 사랑하는 가족, 특히 강민이에게 감사의 글을 올립니다.

2022년을 마무리하며
저자 최인용

목차

 1장

세금을 모르고
투자하면 손해 본다

2장 부동산_구매만 해도 붙는 세금, 취득세 절세 전략 세우기

3장 부동산_가지고만 있어도 내는 세금, 보유세 절세 전략 세우기

부동산_팔 때 반드시 고려해야 할 세금, 양도세 절세 전략 세우기

5장 금융자산_주식과 가상자산에도 붙는 세금 절세 전략 세우기

6장 상속·증여 _물려준다고 끝이 아니다, 상속·증여세 절세 전략 세우기

1장

세금을 모르고 투자하면 손해 본다

부자는 세금 없이
수익률을 생각하지 않는다

나는 성공한 CEO 및 자산가와 많은 상담을 진행해왔다. 그들은 저마다 꼭 한 가지씩 성공한 이유를 가지고 있다. 그리고 그중 스타트업, 프랜차이즈 창업으로 성공한 CEO와 토지 보상으로 많은 자산을 확보한 사람들은 한 가지 공통점을 가지고 있다. 바로 '세금'을 잘 알고 있다는 점이다. 투자에 대한 부자들의 생각과 절세 방법을 배우는 것은 이미 부를 이룬 사람을 벤치마킹하는 것이며, 이는 우리에게도 시사하는 바가 크다.

부자들도 투자를 시작할 때 고위험을 감수하고 고수익자산에 관심을 두기도 한다. 사실 사업을 하는 것도, 고액의 연봉을 받는 전문직이 되기 위해 공부를 하는 것도, 높은 위험이 따른다고 할 수 있다. 하지만 처음에는 고위험, 고수익을 좇더라도 차츰 부를 쌓은 다음에는 합리적인 손실과 최대 수익을 기대하게 된다.

요즘 MZ세대는 가상자산 같은 손실 위험도가 높은 자산에 관심이 많다. 열심히 공부해서 좋은 직장에 들어가더라도 서울에 내 집 한 채 마련하기가 어려운 실정이라 자연스레 결혼도 멀어진다. 그래서 위험도는 조금 높더라도 큰 수익을 얻을 수 있는 자산 투자에 관심을 기울이는 것이다. 근로소득과 사업소득만으로는 큰 자산을 만들기가 어렵다고 생각하는 젊은 세대는 주식과 가상자산 투자에 관심이 많다.

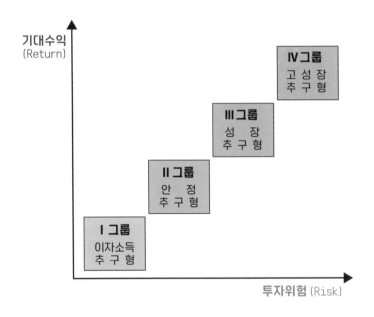

투자위험도 높고 기대수익도 높은 '고성장 추구형'에는 젊은 세대가 많다. 물론 50~60대 자산가도 이자소득만 추구하는 경우는 많지 않지만 대부분의 연령대는 투자위험과 기대수익이 중간 정도인 '안정 추구형'과 '성장 추구형'에 많이 분포되

어 있다. 당연히 위험도가 클수록 원하는 수익률도 높아진다. 과연 각각 투자에 대한 기대수익률은 얼마나 될까?

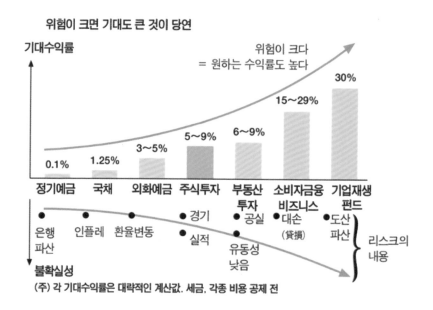

자료: 야마구치 요헤이, 《현명한 초보 투자자》, 출판 이콘, 2016. 04. 19

사람들은 보통 정기예금에는 큰 수익을 기대하지 않는다. 기준 금리가 오르더라도 2%도 채 되지 않기 때문에 투자의 대상으로 삼지 않는 것이다. 정기예금보다는 조금 수익률이 높은 채권이나 외화예금도 보통 1~3% 정도의 기대수익률을 갖는데 대부분의 투자자들이 관심을 갖는 주식 투자나 부동산은 5~9%의 기대수익률을 갖는다. 심지어 창업과 관련된 소비자 금융 비즈니스는 15~29%의 기대수익률을 가지나, 그만큼 도산이나 파산 등의 높은 위험이 따른다.

　이처럼 예금이나 채권 같은 안전한 자산과 주식, 부동산 같은 실물자산, 그리고 가상자산 투자수익에 따라 기대수익률과 위험도는 모두 다르다. 하지만 이 기대수익률에 맞게 수익이 발생한다고 생각하면 안 되는데, 실제로 개인이 가져가는 소득은 세금을 차감한 후의 금액이기 때문이다.

　막상 투자를 해서 좋은 수익이 나왔는데, 세금이 너무 많이 나오면 어떨까? 예를 들어, 부동산을 5억 원에 구매해서 2억 원이 올랐지만 1년 내 단기 양도를 하게 되어 주택이나 입주권 분양권에 세율 70%를 적용받는다면 세금만 약 1억 4,000만 원을 부담하게 된다. 하지만 여기서 1년 이상만 보유하였어도 60%의 세율로 낮은 세금을 부담하고 2년 이상만 보유하여도 기본세율이 적용된다.

단기양도			
보유기간	1년	주택·입주권·분양권	70%
		그 외	50%
	1년~2년	주택·입주권·분양권	60%
		그 외	40%
	2년 이상	기본세율	

양도소득 기본세율		
과세표준	세 율	누진공제
1,400만 원 이하	6%	0
5천만 원 이하	15%	108만 원
8,800만 원 이하	24%	522만 원
1억 5천만 원 이하	35%	1,490만 원
3억 원 이하	38%	1,940만 원
5억 원 이하	40%	2,540만 원
5억 원 초과	42%	3,540만 원
10억 원 초과	45%	6,540만 원

이처럼 세금을 줄일 수 있는 방법을 안다면 더 높은 세후 수익을 취할 수 있다. 즉 기대수익률이 아무리 높더라도 절세하는 방법을 모른다면 실제 남는 게 적을 수밖에 없다.

부동산·주식·가상자산 등 투자 방법에 따라 세금도 다르다. 특히 세법은 금액이 급격하게 오르는 자산에 대응하여 정책을 급하게 변경하는 경향이 있다. 최근 각 투자자산에 대한 세법에 주요한 변화가 있었다. 먼저 주식은 대주주를 제외하고는 양도소득세가 없었는데, 2023년부터는 소액 투자자에게까지 과세될 예정이다.

부동산세법에서 1주택 보유자에게는 높은 혜택을 주기 위해 2021년 12월 8일부터 12억 원으로 비과세 한도를 늘렸다. 반면 다주택자에게는 2020년부터 취득세를 중과하고 종합부동산세율을 높이는 등 보유세 부담을 늘려가고 있으며 2021년 6월부터는 양도소득세의 중과세 한도를 올리는 등 다양하게 규제하고 있다.

구분	주식	부동산	가상자산
취득세	없음	4~12%	없음
보유세	배당 소득세	재산세, 종부세 등	없음
양도소득세	대주주 과세	기본세율, 중과세율	없음
양도소득세 (2025 이후)	전체 과세 (20~25%)	기본세율, 중과세율	과세 (20%)

정부 정책에 맞서지 말라는 말이 있다. 세금이 중과되는 것은 정부가 정책으로 제한을 둔다는 의미이고 조세특례제한법으로 세금특례 혜택을 준다는 것은 정책적으로 세금을 줄여주어서 자금이 모이도록 하겠다는 정책 시그널이다. 이처럼 세금은 돈의 흐름에 대한 정책 방향을 나타내주기 때문에 어떤 부자라도 세금에 관심을 둘 수밖에 없다.

기본 세금부터
제대로 알아야 성공한다

투자자산별 과세 방법

투자자산별 세금은 먼저 자산의 '보유'로 인한 이익과 '처분'으로 인한 이익으로 나눌 수 있다. 주식이나 채권 등은 보유 시에 이자·배당 소득을 받을 수 있으며, 부동산은 임대료 수익을 얻는다. 주식과 부동산 모두 처분할 때는 양도차익으로 과세될 수 있다.

그동안 상장주식의 경우 자본시장의 활성화 등을 위해 소액 투자자에게는 과세하지 않았다. 그렇지만 2023년도부터는 상장주식의 처분 시 과세될 예정이며, 가상자산에도 세금이 부과될 예정이다.

구분	주식	부동산	가상자산
보유 이익	이자배당과세	임대소득과세	보유이익 없음
처분 이익	양도소득과세	양도소득과세	비과세
향후 과세	상장주식은 2025년 이후 과세	비과세 규정 있음	가상자산은 2025년 이후 과세

당초 우리나라 부동산은 투기를 억제하고 부를 재분배하려는 목적에 따라 과세되어 왔다. 부동산은 정책적인 목적에 따라 세율과 장기보유 문제 등이 너무 자주 바뀌어 투자를 위해서는 가치판단과 함께 세금을 아는 것이 매우 중요한 일이 되었다.

특히 주식은 2025년부터 소액 투자자에게 과세된다. 국내주식에 투자한 모든 금융투자 상품의 손해와 이익을 계산하여 과세한다. 다만 5,000만 원까지는 기본 공제한도를 두어 비과세한다. 국내주식에 투자하여 얻은 소득이 3억 원 이하일 경우에는 20%의 세율이, 3억 원 초과 시에는 25%의 세율이 부과된다.

가상자산도 역시 2025년부터 과세된다. 금융자산투자소득이 아닌 기타소득으로 과세된다. 통상적으로 기타소득은 종합소득에 포함되지만, 가상자산은 20%의 세율로 분리과세한다. 과세기간별 손익을 통산하고 250만 원의 이익까지는 세금을 부과하지 않는다.

개인이 얻는 이익에는 소득세가 과세된다. 우리나라에서 소득세를 과세하는 방법은 크게 세 가지로 나눌 수 있는데, 세법에서는 소득세법의 규정에 '종합과세'라고 하여 소득의 종류를 열거하고 있다. 소득세법상 열거하고 있는 종합소득의 종류는 다음과 같다.

채권 및 주식을 보유할 때 얻는 이자와 배당소득은 금융소득에 해당되는데 금융소득은 금융투자소득과 다름에 유의하여야 한다.

- 금융소득은 소득세법상에서 규정하는 이자소득과 배당소득을 말한다.
- 금융투자소득은 2023년부터 과세하는 주식 등 양도소득에 해당하는 소득을 말한다.

이자 및 배당소득이 2,000만 원 이하인 소득에 대해서는 15.4%로 분리과세되지만 금융소득이 2,000만 원 이상이 되면 종합소득으로 합산하여 과세된다. 종합소득세는 최소 6%에서 최대 45%까지 부과되며 사업소득 · 근로소득 · 연금소득 ·

기타소득과 금융소득을 합산한 금액에 따라 세율이 다르게 적용된다. 부동산 임대의 경우에는 종합소득 중 사업소득에 포함되어 종합소득세 기본세율로 과세된다.

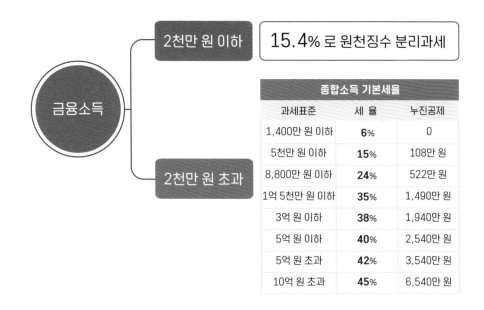

2천만 원 이하	15.4% 로 원천징수 분리과세	

종합소득 기본세율		
과세표준	세 율	누진공제
1,400만 원 이하	6%	0
5천만 원 이하	15%	108만 원
8,800만 원 이하	24%	522만 원
1억 5천만 원 이하	35%	1,490만 원
3억 원 이하	38%	1,940만 원
5억 원 이하	40%	2,540만 원
5억 원 초과	42%	3,540만 원
10억 원 초과	45%	6,540만 원

금융소득이 종합과세되는 것을 알기 위해 우리나라 금융소득의 과세구조는 어떤지 다음과 같이 알아보자.

금융소득 중 비과세 금융소득은 소득세를 신고·납부할 의무가 없다. 그리고 분리과세되는 금액에 대해서는 원천징수세율인 14%^(지방소득세 포함 15.4%)를 납부한다. 직장공제회초과반환금 등 '무조건 분리과세 금융소득'은 금융소득의 금액과 관계없이 해당 금융소득을 지급받을 때 원천징수의무자에게 원천징수 받음으로써 해당 금융소득에 대한 납세의무가 종결된다.

그러나 이자 및 배당소득은 종합과세되는 금융소득이 2,000만 원 이하인 경우 두 가지로 과세한다. 먼저 국내에서 원천징수되지 않은 소득에 대해서는 종합과세로 과세하며 그 외의 소득은 금융소득으로 인한 세금 부담을 덜어주고자 14%^(지방소득세 포함 15.4%)로 원천징수하여 분리과세를 한다.

자료: 안경민·임민철·이옥녕·류승우, 《국세청 금융소득 종합과세 해설 2021》, 국세청, p.126

부동산과 주식, 가상자산 투자 시 부과되는 세금을 큰 틀로 알아보았다. 결국 세금을 절약하는 가장 좋은 방법은 바로 비과세(세금을 부여하지 않는 것)와 분리과세를 활용한 투자이고, 투자한 이후 이익을 내더라도 가장 적은 세율로 세금을 내는 것이 절세의 핵심이 된다. 각 투자자산별로 어떻게 비과세를 이용해야 할지 그리고 합법적으로 절세하는 방법은 무엇인지 알아보자.

먼저 각 자산은 비과세되는 금액의 범위가 있다.

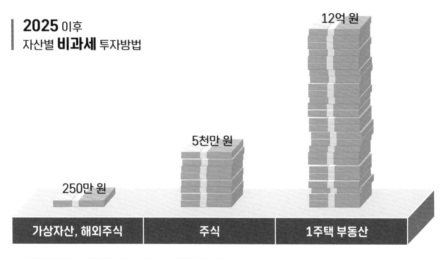

2025 이후
자산별 **비과세** 투자방법

250만 원 | 5천만 원 | 12억 원

가상자산, 해외주식 | 주식 | 1주택 부동산

*현재 가상자산 상장주식의 투자는 비과세 가능

앞서 언급했듯이 2022년까지 가상자산과 주식의 경우 매매차익에 세금이 부과되지 않지만 2025년 이후부터는 과세된다. 그렇다고 하더라도 투자수익에 대해 비과세를 해주는 한도가 있으니 처음 투자를 계획한다면 이 점을 기억하라. 가상자산이나 해외주식은 250만 원까지 비과세되고 주식투자는 매년 5,000만 원의 이익에 대해서 비과세가 된다. 부동산 중 1세대 1주택의 경우에는 12억 원까지 비과세가 인정되므로 투자의 우선순위나 투자 규모별로 자산을 형성할 때 비과세로 세금을 내도록 구조화하는 것이 유리하다.

부동산뿐만 아니라
주식·가상자산까지 절세하자

앞서 투자자산별 비과세를 살펴보았다. 그렇다면 비과세를 초과하여 얻는 수익에 대해서는 어떻게 과세할까? 투자자산별로 '취득-보유-처분' 단계의 세금이 있다. 현재 주식이나 가상자산은 취득과 처분에 있어서 세금 부담은 없다. 취득과 보유, 처분 중 가장 큰 세율이 부과되는 것은 '처분' 단계인데 각 '처분' 단계의 세금을 비교하여 보면 다음과 같다.

구분	주식	부동산	가상자산
취득세	없음	4~12%	없음
보유세	배당 소득세	재산세, 종부세 등	없음
양도소득세	대주주 과세	기본세율, 중과세율	없음
양도소득세 (2025 이후)	전체 과세 (20~25%)	기본세율, 중과세율	과세 (20%)

주식의 경우 현재는 대주주인 경우 외에 상장주식 소액 투자자에게는 세금을 부담하게 하지 않는다. 그러나 2025년 이후에는 대주주뿐만 아니라 소액 투자자도 세금을 부담하며 5,000만 원 이상의 금융투자소득에 대해서 세금을 부담하게 된다. 세율은 3억 원 이하는 20%, 3억 원을 초과하는 부분은 25%다.

가상자산은 세율구조가 비교적 간단하다. 2025년부터 과세되는 가상자산은 250만 원을 초과하는 부분에 대해 20%의 단일세율로 기타소득으로 분리과세한다. 부동산은 기본세율을 적용한다. 그러나 1세대 1주택과 일반 상가건물 토지는 장기보유에 대한 혜택을 주는 장기보유특별공제율이 다르게 적용된다. 이러한 장기보유특별공제를 고려하면 실제 부담하는 세율이 다르게 적용된다.

장기보유특별공제율														
연수	2년	3년	4년	5년	6년	7년	8년	9년	10년	11년	12년	13년	14년	15~
부동산		6%	8%	10%	12%	14%	16%	18%	20%	22%	24%	26%	28%	30%
1세대 1주택 보유		12%	16%	20%	24%	28%	32%	36%	40%					
1세대 1주택 거주	8%*	12%	16%	20%	24%	28%	32%	36%	40%					

* 단, 보유기간이 3년 이상인 경우에 적용

1세대 1주택의 장기보유공제율은 최대 80%이다. 비과세를 넘어가는 소득에 대해서 1세대 1주택은 기본세율이 적용된다. 그러나 장기보유에 대한 공제를 두어 최대 80%까지 장기보유공제가 인정되면 실제 세금 부담률은 현저히 떨어지게 된

가상자산, 해외주식	
과세표준	세율
250만 원 초과	20%

주식	
과세표준	세율
3억 원 이하	20%
3억 원 초과	25%

1주택자	기타 부동산	
장기보유공제 **최대 80%**	장기보유공제 **최대 30%**	
과세표준	세 율	누진공제
1,400만 원 이하	6%	0
5천만 원 이하	15%	108만 원
8,800만 원 이하	24%	522만 원
1억 5천만 원 이하	35%	1,490만 원
3억 원 이하	38%	1,940만 원
5억 원 이하	40%	2,540만 원
10억 원 이하	42%	3,540만 원
10억 원 초과	45%	6,540만 원

다. 기타 부동산의 경우에도 장기보유공제율 30%를 적용받고 난 후 기본세율을 적용하므로 세율이 30% 줄어드는 효과가 있다. 따라서 부동산은 오래 보유할수록 세금 부담도 적다.

양도소득 기본세율		
과세표준	세 율	누진공제
1,400만 원 이하	6%	0
5천만 원 이하	15%	108만 원
8,800만 원 이하	24%	522만 원
1.5억 원 이하	35%	1,490만 원
3억 원 이하	38%	1,940만 원
5억 원 이하	40%	2,540만 원
10억 원 이하	42%	3,540만 원
10억 원 초과	45%	6,540만 원

+

다주택 중과세	
조정대상 2주택 이상	기본 + 20%
조정대상 3주택 이상	기본 + 30%

부동산은 기본세율만 적용되는 것이 아니라 중과세도 적용된다. 다주택자의 중과세는 주택을 많이 보유할수록 세금을 더 많이 부담하도록 하고 장기보유특별공제율도 인정되지 않는다. 다만, 세법의 개정으로 2023년 5월 9일까지 중과세는 유예되었고, 장기보유공제도 인정된다.

정부와 맞서지 말라는 말처럼 세금이 높은 곳은 피하는 것이 투자에 유리하다. 예전에는 집을 몇 채 갖는 것이 자산 형성의 척도였지만 지금은 주택 수를 늘리는 것은 종합부동산세에서도 현저히 불리하다. 그래서 세금을 알아야만 투자의 수익률을 높일 수 있다. 이것이 왜 절세해야 하는가에 대한 답이다.

2장

부동산_
구매만 해도 붙는 세금,
취득세 절세 전략 세우기

취득세만 알아도
'같은 집을 싸게 사는 효과'가!

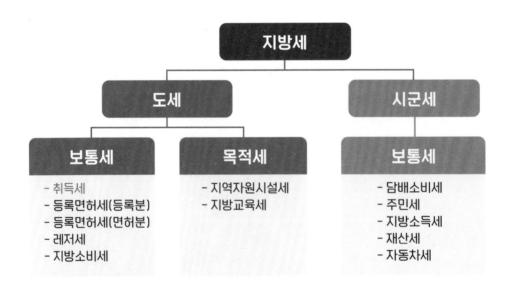

부동산은 취득했을 때, 보유 중일 때, 처분할 때 모두 세금이 부과된다. 취득세

는 말 그대로 취득할 때 내는 세금으로, 양도소득세, 종합부동산세는 국세법이 적

용되는 반면 취득세는 지방세법이 적용된다. 또한 주택과 부동산 그리고 기타 자산에 투자할 때는 과세된다.

최근 세법이 개정되면서 다주택자는 중과세를 적용받게 되었다. 다주택자가 중과세를 피하기 위한 세 가지 방법이 있다. 첫째는 일시적 2주택으로 중과세를 피하는 방법, 둘째 다주택이어도 중과세되지 않는 소형 주택을 선택하거나 마지막으로 법으로 정한 다주택 중과세 제외 주택을 선택하는 방법이다.

주택의 취득세 알아보기

부동산 중에서도 주택을 샀을 때 내야 하는 취득세부터 알아보자.

부동산 및 취득의 종류			취득세	농어촌특별세	지방교육세	합계
주택	6억 원 이하	85㎡ 이하	1.0%	-	0.1%	1.1%
		85㎡ 초과	1.0%	0.2%	0.1%	1.3%
	6억 원 초과 9억 원 이하	85㎡ 이하	아래식 참조	-	아래식 참조	아래식 참조
		85㎡ 초과		0.2%		
	9억 원 초과	85㎡ 이하	3.0%	-	0.3%	3.3%
		85㎡ 초과	3.0%	0.2%	0.3%	3.5%

* 6~9억 원 구간 주택유상거래 : 취득세율(%)=(취득당시가액(억) x 2/3 - 3)x 1/100

주택은 일반적으로 1~3%의 세금을 부담한다. 6억 원을 기준으로 6억 원 이하는 1%의 취득세를 부담하고, 6억~9억 원 사이의 구간은 점진적으로 늘어난다. 9억 원을 초과하는 금액에 대해서는 3%의 세율로 과세된다. 주택을 여러 채 취득할 때 또한 중과세가 적용되므로 유의하여야 한다. 그리고 조정대상지역과 비조정대상지역의 취득세가 다르므로 구매한 주택이 조정대상지역인지 여부와 몇 번째 주택인지의 확인이 필요하다.

구 분		총 주택수	비조정지역	조정지역
개 인	무주택자의 취득	1채	1~3 %	1~3 %
	1주택자의 취득	2채	1~3 %	8% (일시적 2주택 : 1~3%)
	2주택자의 취득	3채	8 %	12 %
	3주택자의 취득	4채	12 %	12 %
법 인			12 %	12 %

무주택자가 1주택을 구입할 때에는 조정대상지역과 관계없이 기본세율 1~3%가 적용된다. 그러나 2주택부터는 조정대상지역에서 구입 시 8%가 부과되며 조정대상지역에서 3주택 이상부터는 12%로 취득세가 과세된다. 비조정대상지역은 2주택까지는 중과세가 없다. 그러나 3주택부터는 8%, 4주택은 12%의 세율로 과세된다.

특히 오피스텔을 취득할 경우에, 그 취득 시점에는 해당 오피스텔이 주거용인지 상업용인지 확정되지 않으므로 건축물 대장상 용도대로 건축물 취득세율 4%가 적용된다. 오피스텔은 주택이 아닌 상업용 건물로 취득하는 것이 일반적이나 양도소득세나 종합부동산세에서는 주거용으로 분류되는 오피스텔이라면, 주택으로 분류된다. 특히 양도소득세에서 오피스텔은 주택 수에 포함되어 양도소득세 중과세 불이익을 받을 수 있으므로 유의해야 한다.

주택 이외 부동산의 취득세 알아보기

주택을 제외한 부동산의 취득세는 다음과 같다. 유상으로 매매하는 주택 이외의 부동산 취득세는 최대 4% 정도이다. 취득 시에는 중개수수료 및 기타 컨설팅 관련 비용이 들어가므로 취득세를 포함한 5% 정도의 제반 비용이 들어간다고 생각하고 자금을 마련해야 한다. 구체적인 취득세는 다음과 같다.

부동산 및 취득의 종류			취득세	농어촌특별세	지방교육세	합계
토지 및 건물	유상취득	주택 외	4%	0.2%	0.4%	4.6%
		농 지	3.0%	0.2%	0.2%	3.4%
	무상취득	증 여	3.5%	0.2%	0.3%	4.0%
		상속 농 지	2.3%	0.2%	0.06%	2.56%
		농지외	2.8%	0.2%	0.16%	3.16%
	원시취득 : 신 축		2.8%	0.2%	0.16%	3.16%

예를 들어 5억 원 상가를 구매한다면 취득세 2.8%로 1,400만 원, 중개 수수료 0.4%인 200만 원으로 합산 1,600만 원에 추가로 법무사 수수료 등이 발생할 수 있

다. 금액에 따라 취득세와 법무사 수수료가 달라질 수 있다.

예상 취득세를 계산하고 싶다면 위택스 사이트를 이용하면 된다. 위택스에서 지방세 정보에 있는 '지방세 미리 계산' 페이지를 통하여 상가 5억 원을 구입하였을 때를 계산해보면 다음과 같다. 필요 항목을 입력하면 취득세와 농어촌특별세 그리고 지방교육세를 합해 2,300만 원이 나오는 것을 알 수 있다. 이 금액은 물론 등기 수수료, 법무사 수수료와 부동산을 중개받은 중개사 수수료 등이 제외된 금액이므로 실제 제반 경비를 고려하여야 한다.

다주택자가 중과세를 피하기 위한
세 가지 방법

취득세의 다주택 중과를 피하는 방법은 세 가지가 있다. 첫째, 시가표준액 1억 원 이하의 주택 등[1] 일정 요건의 주택. 둘째, 일시적 2주택. 셋째, 세대 분리를 통한 취득시점에서의 1주택이다. 이 세 가지를 통해 다주택 중과세를 피할 수 있으며 주택을 구입할 때에는 이를 잘 파악하고 구입하여야 한다. 구체적으로 살펴보면 다음과 같다.

시가표준액 1억 원 이하의 주택으로 중과 피해가기

주택의 유상거래에 대하여 중과세 적용을 판단할 때 다음의 주택은 세대별로

---

1   지방세법시행령 제28조의2

판단하여 중과세되는 것으로 보지 않는다. 이는 유상거래에만 적용되는 것으로 무상거래인 증여에 대해서는 적용되지 않는다. 증여는 별도의 규정으로 6장에서 살펴보기로 한다.

제28조의2(주택 유상거래 취득 중과세의 예외) 법 제13조의2제1항을 적용할 때 같은 항 각 호 외의 부분에 따른 주택으로서 다음 각 호의 어느 하나에 해당하는 주택은 중과세대상으로 보지 않는다. 〈개정 2022. 2. 28.〉

1. 법 제4조에 따른 시가표준액(지분이나 부속토지만을 취득한 경우에는 전체 주택의 시가표준액을 말한다)이 1억 원 이하인 주택. 다만,「도시 및 주거환경정비법」제2조제1호에 따른 정비구역으로 지정·고시된 지역 또는 「빈집 및 소규모주택 정비에 관한 특례법」제2조제1항제4호에 따른 사업시행구역에 소재하는 주택은 제외한다.

2.「공공주택 특별법」제4조제1항에 따라 지정된 공공주택사업자가 공공매입임대주택 및 공동주택 특별법 등 지분적립형 이익공유형 분양주택을 공급(가목의 경우 신축·개축하여 공급하는 경우를 포함한다)하기 위하여 취득하는 주택 등

3. 「노인복지법」 제32조제1항제3호에 따른 노인복지주택으로 운영하기 위하여 취득하는 주택. (1년 내 미사용 및 사용하더라도 3년 내 매각 증여 시 제외)

3의2. 「도시재생 활성화 및 지원에 관한 특별법」 제55조의3에 따른 토지등 소유자가 혁신지구사업시행자로부터 현물보상으로 공급받아 취득하는 주택

4. 「문화재보호법」 제2조제3항에 따른 지정문화재 또는 같은 조 제4항에 따른 등록문화재에 해당하는 주택

5. 「민간임대주택에 관한 특별법」 제2조제7호에 따른 임대사업자가 같은 조 제4호에 따른 공공지원민간임대주택으로 공급하기 위하여 취득하는 주택. (2년 내 미공급 및 공급 후 3년 내 매각 증여 용도 변경 시 제외)

6. 「영유아보육법」 제10조제5호에 따른 가정어린이집으로 운영하기 위하여 취득하는 주택. (1년 내 용도 미사용 및 사용 후 3년 내 매각, 증여, 용도 변경 시 제외)

7. 「주택도시기금법」 제3조에 따른 주택도시기금과 「한국토지주택공사법」에 따라 설립된 한국토지주택공사가 공동으로 출자하여 설립한 부동산투

자회사 또는 「한국자산관리공사 설립 등에 관한 법률」에 따라 설립된 한국자산관리공사가 출자하여 설립한 부동산투자회사가 취득하는 주택으로서 취득 당시 다음의 요건을 모두 갖춘 주택

　　가. 해당 주택의 매도자(이하 이 호에서 "매도자"라 한다)가 거주하고 있는 주택으로서 해당 주택 외에 매도자가 속한 세대가 보유하고 있는 주택이 없을 것

　　나. 매도자로부터 취득한 주택을 5년 이상 매도자에게 임대하고 임대기간 종료 후에 그 주택을 재매입할 수 있는 권리를 매도자에게 부여할 것

　　다. 법 제4조에 따른 시가표준액(지분이나 부속토지만을 취득한 경우에는 전체 주택의 시가표준액을 말한다)이 5억 원 이하인 주택일 것

　　8. 다음 각 목의 어느 하나에 해당하는 주택으로서 멸실시킬 목적으로 취득하는 주택. 다만, 나목 6)의 경우에는 정당한 사유 없이 그 취득일부터 1년이 경과할 때까지 해당 주택을 멸실시키지 않거나 그 취득일부터 3년이 경과할 때까지 주택을 신축하여 판매하지 않은 경우는 제외하고, 나목 6) 외의 경우에는 정당한 사유 없이 3년[나목 5)의 경우 2년]이 경과할 때까지 해당 주택을 멸실시키지 않은 경우는 제외한다.

가. 「공공기관의 운영에 관한 법률」 제4조에 따른 공공기관 또는 「지방공기업법」 제3조에 따른 지방공기업이 「공익사업을 위한 토지 등의 취득 및 보상에 관한 법률」 제4조에 따른 공익사업을 위하여 취득하는 주택

나. 다음 중 어느 하나에 해당하는 자가 주택건설사업을 위하여 취득하는 주택. 다만, 해당 주택건설사업이 주택과 주택이 아닌 건축물을 한꺼번에 신축하는 사업인 경우에는 신축하는 주택의 건축면적 등을 고려하여 행정안전부령으로 정하는 바에 따라 산정한 부분으로 한정한다.

1) 「도시 및 주거환경정비법」 제2조제8호에 따른 사업시행자

2) 「빈집 및 소규모주택 정비에 관한 특례법」 제2조제1항제5호에 따른 사업시행자

3) 「주택법」 제2조제11호에 따른 주택조합(같은 법 제11조제2항에 따른 "주택조합설립인가를 받으려는 자"를 포함한다)

4) 「주택법」 제4조에 따라 등록한 주택건설사업자

5) 「민간임대주택에 관한 특별법」 제23조에 따른 공공지원민간임대주택 개발사업 시행자

6) 주택신축판매업[한국표준산업분류에 따른 주거용 건물 개발 및 공급업과 주거용 건물 건설업(자영건설업으로 한정한다)을 말한다]을 영위할 목적으로 「부가가치세법」 제8조제1항에 따라 사업자 등록을 한 자

9. 주택의 시공자(「주택법」 제33조제2항에 따른 시공자 및 「건축법」 제2조제16호에 따른 공사시공자를 말한다)가 다음 각 목의 어느 하나에 해당하는 자로부터 해당 주택의 공사대금으로 취득한 미분양 주택(「주택법」 제54조에 따른 사업주체가 같은 조에 따라 공급하는 주택으로서 입주자모집공고에 따른 입주자의 계약일이 지난 주택단지에서 취득일 현재까지 분양계약이 체결되지 않아 선착순의 방법으로 공급하는 주택을 말한다. 이하 이 조 및 제28조의6에서 같다). 다만, 가목의 자로부터 취득한 주택으로서 자기 또는 임대계약 등 권원을 불문하고 타인이 거주한 기간이 1년 이상인 경우는 제외한다.

가. 「건축법」 제11조에 따른 허가를 받은 자

나. 「주택법」 제15조에 따른 사업계획승인을 받은 자

10. 다음 해당자가 저당권의 실행 또는 채권변제로 취득하는 주택. 다만, 취득일부터 3년이 경과할 때까지 해당 주택을 처분하지 않은 경우는 제외한다.

가. 「농업협동조합법」에 따라 설립된 조합

나. 「산림조합법」에 따라 설립된 산림조합 및 그 중앙회

다. 「상호저축은행법」에 따른 상호저축은행

라. 「새마을금고법」에 따라 설립된 새마을금고 및 그 중앙회

마. 「수산업협동조합법」에 따라 설립된 조합

바. 「신용협동조합법」에 따라 설립된 신용협동조합 및 그 중앙회

사. 「은행법」에 따른 은행

11. 제28조제2항에 따른 농어촌주택

12. 사원에 대한 임대용으로 직접 사용할 목적으로 취득하는 주택으로서 1구의 건축물의 연면적(전용면적을 말한다)이 60제곱미터 이하인 공동주택. 다만, 다음 각 목의 어느 하나에 해당하는 주택은 제외한다.

가. 취득하는 자가 개인인 경우로서 「지방세기본법 시행령」 제2조제1항 각 호의 어느 하나에 해당하는 관계인 사람에게 제공하는 주택

나. 취득하는 자가 법인인 경우로서 「지방세기본법」 제46조제2호에 따른 과점주주에게 제공하는 주택

다. 정당한 사유 없이 그 취득일부터 1년이 경과할 때까지 해당 용도에 직접 사용하지 않거나 해당 용도로 직접 사용한 기간이 3년 미만인 상태에서 매각·증여하거나 다른 용도로 사용하는 주택

13. 물적분할[「법인세법」 제46조제2항 각 호의 요건(같은 항 제2호의 경우 전액이 주식등이어야 한다)을 갖춘 경우로 한정한다]로 인하여 분할신설법인이 분할법인으로부터 취득하는 미분양 주택. 다만, 분할등기일부터 3년 이내에 「법인세법」 제47조제3항 각 호의 어느 하나에 해당하는 사유가 발생한 경

우(같은 항 각 호 외의 부분 단서에 해당하는 경우는 제외한다)는 제외한다.

14.「주택법」에 따른 리모델링주택조합이 같은 법 제22조제2항에 따라 취득하는 주택

15.「주택법」제2조제10호나목의 사업주체가 취득하는 다음 각 목의 주택

가.「주택법」에 따른 토지임대부 분양주택을 공급하기 위하여 취득하는 주택

나.「주택법」에 따른 토지임대부 분양주택을 분양받은 자로부터 환매하여 취득하는 주택

시가표준액 1억 원 이하의 주택 : 취득세 중과세 제외

- 도정법에 의한 정비구역 지정 시 주택 수 포함
- 빈집 및 소규모주택 정비 사업시행구역 내 주택은 주택 수 포함

이상과 같이 법에 의하여 특별히 규정된 경우를 제외하고는 취득세 중과세대상 자산에 포함되니 유의하여야 한다. 이 중 취득세 시가표준액 1억 원 이하의 주택은 중과세 대상이 아니다. 다만 도시및주거환경정비법에 따른 정비구역으로 지정되거나 고시된 지역 그리고 빈집 및 소규모 주택정비에 대한 사업시행구역에 소재하는 주택은 1억 원 이하의 주택이라고 하더라도 주택 수에 포함된다. 시가표준

액 1억 원 이하의 주택은 유상취득에 대해서 모두 적용되는 것이므로 법인의 주택 취득에서도 중과세가 제외된다. 다만 법인의 경우에는 종합부동산세가 중과될 수 있으므로 유의하여야 한다.

일시적 2주택으로 취득세 중과 피해가기

집을 팔고 새집을 살 때 일시적으로 2주택이 되는 경우가 있다. 이 경우에도 중과세를 적용한다면, 억울한 면이 있다. 따라서 일시적 2주택자의 경우에는 중과세를 적용하지 않는다. 취득세법에서 정하는 "일시적 2주택"이란 국내에 주택, 조합원입주권, 주택분양권 또는 오피스텔을 1개 ^(종전 주택 등) 소유한 1세대가 이사 · 학업 · 취업 · 직장 이전 및 이와 유사한 사유로 다른 1주택^(신규 주택)을 추가로 취득한 후 3년^(종전 주택 등과 신규 주택이 모두 조정대상지역에 있는 경우에는 1년으로 한다) 이내에 종전 주택 등^{(신규 주택이 조합원입주권 또는 주택분양권에 의한 주택이거나 종전 주택 등이 조합원입주권 또는 주택분양권인 경우에는}

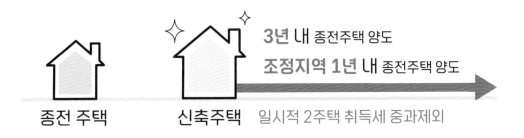

3년 내 종전주택 양도
조정지역 1년 내 종전주택 양도

종전 주택   신축주택   일시적 2주택 취득세 중과제외

^{신규 주택을 포함한다)}을 처분하는 경우 해당되는 신규 주택을 일시적 2주택이라고 한다.[2] 취득세를 피하기 위한 일시적 2주택은 사유를 정하지 않는 양도소득세와는 달리 이사 · 학업 · 취업 · 직장 이전 등의 사유를 정하고 있다. 원칙적으로 종전 주택이 있는 상태에서 신규 주택을 3년^(조정대상지역 1년) 이내에 처분하면 중과세를 하지 않겠다는 의미이다. 양도소득세의 일시적 2주택에서는 취득 후 1년 이후에 신규 주택을 취득할 요건 등이 추가로 있으며 취득 후 신규 주택으로 세대 전원이 이사할 요건 등이 추가로 있다는 것이 더 까다롭게 적용된다.

세대 분리로 일시적 2주택 중과 피해가기

취득세에서는 세대별로 주택 수를 판단한다. 세대원이 주택이 많으면 신규 취득하는 주택에 중과세를 적용한다는 의미이다. 그런데 세대 분리된 자가 주택을 취득하면 중과세를 피할 수 있다. 지방세법의 세대 판단 기준은 주민등록상의 기준으로 주택을 취득하는 사람과 주민등록법 제7조에 따른 세대별 주민등록표^(이하 이 조에서 "세대별 주민등록표"라 한다)에 함께 기재되어 있는 가족^(동거인은 제외한다)으로 구성된 세대를 말한다. 주택을 취득하는 사람의 배우자, 미혼인 30세 미만의 자녀 또는 부모는 주택을 취득하는 사람과 같은 세대별 주민등록표 기재되어 있지 않더라도 1세

---

2 지방세법시행령 제28조의5

대에 속한 것으로 본다.

그럼에도 불구하고 다음의 경우에는 별도의 세대로 본다.

① 부모와 같은 세대별 주민등록표에 기재되어 있지 않은 30세 미만의 자녀로서 국민기초생활 보장법에 따른 기준 중위소득을 12개월로 환산한 금액의 100분의 40 이상이고, 소유하고 있는 주택을 관리·유지하면서 독립된 생계를 유지할수 있는 경우. 다만, 미성년자인 경우는 제외한다.

② 취득일 현재 65세 이상의 부모(부모 중 어느 한 사람이 65세 미만인 경우를 포함한다)를 동거봉양(同居奉養)하기 위하여 30세 이상의 자녀, 혼인한 자녀 또는 제1호에 따른 소득요건을 충족하는 성년인 자녀가 합가(合家)한 경우.

③ 취학 또는 근무상의 형편 등으로 세대 전원이 90일 이상 출국하는 경우로서주민등록법 제10조의3 제1항 본문에 따라 해당 세대가 출국 후에 속할 거주지를다른 가족의 주소로 신고한 경우.

④ 별도의 세대를 구성할 수 있는 사람이 주택을 취득한 날부터 60일 이내에세대를 분리하기 위하여 그 취득한 주택으로 주소지를 이전하는 경우.

부동산을 증여로 처음 얻으면 세금이 12%

　부동산 중 주택을 증여로 취득하는 경우에도 취득세가 중과될 수 있다. 원래 취득세는 받는 사람이 기준이 되어 판단하지만, 주택을 증여로 취득하는 경우에는 증여한 사람을 기준으로 판단한다. 증여한 사람을 기준으로 조정대상지역의 다주택자라면 지방세법에 따라 표준세율에 4배가 중과되어 최대 12%의 취득세율이 적용된다. 1주택자가 증여하는 경우 취득세가 일반세율로 과세되는데 비하여 다주택자의 양도소득세 중과를 피해 주택 증여하는 것을 막기 위한 취지로 2020년 말에 개정되었다.

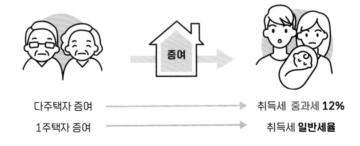

증여 취득세와 관련 법령 근거는 다음과 같다.

지방세법 제13조의2 〈법인의 주택 취득 등 중과〉

② 조정대상지역에 있는 주택으로서 대통령령으로 정하는 일정가액(공시가액 3억 원) 이상의 주택을 제11조제1항제2호에 따른 무상취득을 원인으로 취득하는 경우 에는 표준세율에 100분의 400을 합한 세율을 적용한다. 다만, 1세대 1주택자가 소유한 주택을 배우자 또는 직계존비속이 무상취득하는 등 대통령령으로 정하는 경우는 제외한다.[3]

다만 이 경우에도 예외는 있다. 다주택자가 조정대상지역 이외의 주택을 증여하거나 대통령령으로 정하는 공시가격 3억 원 이하의 주택을 증여한다면, 취득세 중과를 피할 수 있다.

---

3 지방세법 제13조의2 제5항, 2020. 8. 12. 신설

또한 일부 부채를 부담하는 형식의 부담부증여 등을 통해 일부를 매매 형식으로 이전한다면 증여가 아닌 매매의 취득이 된다. 매매는 부동산을 사는 사람의 주택 수를 계산하므로 취득세 중과를 피할 수 있다.

생애최초주택을 이용하면
취득세가 0원

　　무주택자들에게는 처음 주택을 사는, 즉 생애최초주택에 대한 취득세 감면 제도가 있다. 소득 금액에 따라 100% 취득세를 면제해주거나 50%를 면제해주는데 이 제도는 지방세특례제한법 제36조의2가 2020년까지 적용되었고 연장되는 조문으로 지방세특례제한법 제36조의3에서 2023년까지 연장되었다.

　　생애최초 주택구입 취득세 감면 대상은 다음과 같다.

· 적용 대상: 생애최초 주택구입자(연령·혼인 상관없음)

· 주택가액: 수도권 4억 원, 비수도권 3억 원 이하

· 주택 면적: 제한 없음

· 감면율: 1억 5,000만 원 이하 100%, 그 외 50%

· 소득 기준: 세대 합산 기준으로 7,000만 원 이하

생애최초 주택구입 취득세 감면

합산 소득
7천만 원 이하

* 수도권은 4억 원

주택가액	취득세 감면
1억 5천만 원 이하	100%
3억 원 이하*	50%

그러나 최근 주택 가격이 많이 오른 상태에서 감면 대상 주택가액의 금액이 너무 적고 열심히 성공하여 노력한 중산층은 부부간 합산소득 기준이 너무 적어 대상이 안 되는 경우가 많다. 생애최초 주택구입에 대한 취득세 비과세 · 감면제도는 이러한 이유로 실효성이 없다는 지적을 받고 있다. 또한 다음의 사유 발생 시에는 생애최초 주택구입에 대한 취득세 감면이 추징된다.[4]

① 주택을 취득한 날부터 3개월 이내에 상시 거주를 시작하지 아니하는 경우.

② 주택을 취득한 날부터 3개월 이내에 1가구 1주택(국내에 한 채의 주택을 소유하는 것을 말하며, 주택의 부속토지만을 소유하는 경우에도 주택을 소유한 것으로 본다)이 되지 아니한 경우.

---

4 지방세특례제한법 제36조의3 제4항

③ 해당 주택에 상시 거주한 기간이 3년 미만인 상태에서 해당 주택을 매각·증여하거나 다른 용도^(임대를 포함한다)로 사용하는 경우.

지방세특례제한법 제36조의3(생애최초 주택구입에 대한 취득세 감면)

① 주택 취득일 현재 본인 및 배우자(「가족관계의 등록 등에 관한 법률」에 따른 가족관계등록부에서 혼인이 확인되는 외국인 배우자를 포함한다. 이하 이 조에서 같다)가 주택(「지방세법」 제11조제1항제8호에 따른 주택을 말한다. 이하 이 조에서 같다)을 소유한 사실이 없는 경우로서 합산소득이 7,000만 원 이하인 경우에는 그 세대에 속하는 자가 「지방세법」 제10조에 따른 취득 당시의 가액(이하 이 조에서 "취득 당시의 가액"이라 한다)이 3억 원(「수도권정비계획법」 제2조제1호에 따른 수도권은 4억 원으로 한다) 이하인 주택을 유상거래(부담부증여는 제외한다)로 취득하는 경우에는 다음 각 호의 구분에 따라 2023년 12월 31일까지 지방세를 감면(이 경우 「지방세법」 제13조의2의 세율을 적용하지 아니한다)한다. 다만, 취득자가 미성년자인 경우는 제외한다. 〈개정 2021. 12. 28.〉

1. 취득 당시의 가액이 1억 5천만 원 이하인 경우에는 취득세를 면제한다.

2. 취득 당시의 가액이 1억 5천만 원을 초과하는 경우에는 취득세의 100분의 50을 경감한다.

② 제1항에서 합산소득은 취득자와 그 배우자의 소득을 합산한 것으로서

급여·상여 등 일체의 소득을 합산한 것으로 한다.

③ 제1항에서 "주택을 소유한 사실이 없는 경우"란 다음 각 호의 어느 하나에 해당하는 경우를 말한다. 〈개정 2021. 12. 28.〉

1. 상속으로 주택의 공유지분을 소유(주택 부속토지의 공유지분만을 소유하는 경우를 포함한다)하였다가 그 지분을 모두 처분한 경우

2. 「국토의 계획 및 이용에 관한 법률」 제6조에 따른 도시지역(취득일 현재 도시지역을 말한다)이 아닌 지역에 건축되어 있거나 면의 행정구역(수도권은 제외한다)에 건축되어 있는 주택으로서 다음 각 목의 어느 하나에 해당하는 주택을 소유한 자가 그 주택 소재지역에 거주하다가 다른 지역(해당 주택 소재지역인 특별시·광역시·특별자치시·특별자치도 및 시·군 이외의 지역을 말한다)으로 이주한 경우. 이 경우 그 주택을 감면대상 주택 취득일 전에 처분했거나 감면대상 주택 취득일부터 3개월 이내에 처분한 경우로 한정한다.

가. 사용 승인 후 20년 이상 경과된 단독주택

나. 85제곱미터 이하인 단독주택

다. 상속으로 취득한 주택

3. 전용면적 20제곱미터 이하인 주택을 소유하고 있거나 처분한 경우. 다만, 전용면적 20제곱미터 이하인 주택을 둘 이상 소유했거나 소유하고 있는 경우는 제외한다.

4. 취득일 현재 「지방세법」 제4조제2항에 따라 산출한 시가표준액이 100

만 원 이하인 주택을 소유하고 있거나 처분한 경우

5. 삭제 〈2021. 12. 28.〉

④ 제1항에 따라 취득세를 감면받은 사람이 다음 각 호의 어느 하나에 해당하는 경우에는 감면된 취득세를 추징한다. 〈개정 2021. 12. 28.〉

1. 대통령령으로 정하는 정당한 사유 없이 주택을 취득한 날부터 3개월 이내에 상시 거주(취득일 이후 「주민등록법」에 따른 전입신고를 하고 계속하여 거주하거나 취득일 전에 같은 법에 따른 전입신고를 하고 취득일부터 계속하여 거주하는 것을 말한다. 이하 이 조에서 같다)를 시작하지 아니하는 경우

2. 주택을 취득한 날부터 3개월 이내에 추가로 주택을 취득(주택의 부속토지만을 취득하는 경우를 포함한다)하는 경우. 다만, 상속으로 인한 추가 취득은 제외한다.

3. 해당 주택에 상시 거주한 기간이 3년 미만인 상태에서 해당 주택을 매각·증여(배우자에게 지분을 매각·증여하는 경우는 제외한다)하거나 다른 용도(임대를 포함한다)로 사용하는 경우

⑤ 제2항 또는 제3항을 적용할 때 합산소득 및 무주택자 여부 등을 확인하는 세부적인 기준은 행정안전부장관이 정하여 고시한다.

⑥ 행정안전부장관 또는 지방자치단체의 장은 제2항에 따른 합산소득의 확인을 위하여 필요한 자료의 제공을 관계 기관의 장에게 요청할 수 있다. 이 경우 요청을 받은 관계 기관의 장은 특별한 사유가 없으면 이에 따라야 한다.

생애최초 주택 구입 취득세 감면 신청서

	접수일		처리기간	10일
			주민등록번호	
	주소			
	전자우편주소		전화번호(휴대전화번호)	
감면대상	종류 (아파트□ 연립□ 다세대□ 단독주택 □)		주택가격(거래가격)	
	소재지			
감면세액	감면세목		과세연도	
	과세표준액		감면구분	
	당초 결정세액		감면받으려는 세액	
감면 신청 사유 (지방세특례제한법 제36조의3)	(뒷면 참조)			

관계 증명 서류

①　1가구임을 확인하는 서류

　□ 주민등록초본 □ 가족관계증명서 □ 기타 확인서류 (　　　　　　　　　　)

　※ 세대주의 배우자 및 취득자의 배우자의 경우 세대별 주민등록표에 기재되어 있지 않더라도 주택소유
　　여부 등을 확인해야 하므로 가족관계증명원 서류는 반드시 제출하셔야 합니다.

　※ 세대주와 주택을 취득한 자가 다른 경우에는 세대주 기준의 가족관계증명서도 함께 제출 필요(세대주의
　　배우자가 주택 소유 사실 여부를 확인하기 위함)

　※ 주민등록등본(초본)의 경우 해당 지방자치단체의 장으로 하여금「전자정부법」제36조제1항에 따른 행정
　　정보의 공동이용 전산망을 통한 확인·발급에 동의하는 경우에는 제출하실 필요가 없습니다. **이와 관련
　　동의함 □ 동의하지 않음 □**

②　무주택1가구가 생애최초로 주택을 구입하는지의 여부를 확인하는 서류

　※ 본 확인서류는 감면신청인이 직접 제출하실 필요는 없습니다. 다만, 생애최초 무주택1가구임을 확인하기
　　위해서는 행정안전부장관 고시(2020-43호) 제8조에 따른 주택소유 여부 확인을 위해 과세자료 정보제공
　　및 관련 전산조회 사실에 대한 사전 동의가 반드시 필요합니다. 이에 대해 개인정보법 제24조에 의한 개인
　　정보(주민등록번호) **수집·이용에 동의함 □ 동의하지 않음 □**

　※ 신청인이 동의를 거부할 권리가 있으나, 동의 거부시 이전의 주택보유 사실여부 확인불가로「지방세특례
　　제한법」제36조의3제1항에 따른 무주택세대주 감면요건을 준수하지 못한 것으로 보아 감면적용이 제외되는
　　불이익이 있음

③　소득금액을 확인하는 서류

　① 세무서장이 확인발급하는 서류 : 소득금액증명원 □ 사실증명원(기타) □ 근로소득원천징수영수증 □

　② 기타 확인서류 (　　　　　　　　　　)

　※ 직전년도 종합소득(이자·배당·사업·근로·연금·기타소득)이 있는 신청인(배우자가 있는 경우 소득 합산)이
　　소득금액증명원상 근로소득자용으로 발급을 받거나 근로소득원천징수영수증만을 제출한 경우 신청인이
　　제출한 서류의 소득이외 종합소득이 있어 그 소득금액이 합산소득 7천만원이 초과됨 사실이 사후에 확인
　　되는 경우에는 추징대상에 해당될 수 있습니다.

　※ 신청인의 소득정보(종합소득금액)를 보유하고 있는 관련기관(국세청)에 소득금액 확인과 사후관리를 위해
　　개인정보보법 제24조에 의한 개인정보(주민등록번호)수집·이용에 **동의함 □ 동의하지 않음 □**

　※ 신청인이 위의 사항에 동의하지 않는 경우에는 사후관리를 위한 실제 소득여부 확인불가로「지방세특례제한법」
　　제36조의3제1항에 따른 감면요건을 준수하지 않은 것으로 보아 감면적용이 제외되는 불이익이 있음

「지방세특례제한법」제36조의3에 따라 위와 같이 지방세 감면을 신청하며, 신청인은 본 신청서의 유의사항
등을 충분히 검토하였고 향후에 신청인이 기재한 사항과 사실이 다를 경우에는「지방세기본법」제53조
등의 규정에 따라 가산세를 포함하여 추징대상에 해당될 수 있음을 사전에 인지하였음을 확인합니다.

※ 감면신청인이 지방자치단체의 장에게 제출하는 본 감면신청서는「지방세특례제한법」제183조제2항에 따라 감면 의무사항을
위반하는 경우 감면받은 세액이 추징될 수 있다는 내용을 서면통지한 것으로 갈음합니다.

　　　　　　　　　　　　　　　　　　　　　　　　　　　　년　　　월　　　일

　　　　　　　　　　　　신청인　　　　　　　　　　　　　　（서명 또는 인）

·군수·구청장

첨부서류	감면받을 사유를 증명하는 서류	수수료 없음

1주택인데,
세금이 8배가 뛴다고?

법인이 아닌 개인도 취득세가 중과되는 경우가 있다. 보통 1세대 2주택부터 다주택으로 취득세가 중과된다고 알고 있지만, 1주택인데도 중과세되는 유형이 있으니 주의해야 한다. 1주택의 취득세는 기본세율 1~3%가 적용되지만 조정대상지역에서는 두 번째 주택부터 취득세가 중과된다. 문제는 구매자가 본인은 1주택인 줄 알았는데, 나중에 취득세를 내려고 보니 중과된 상황이 많다는 것이다. 다음 표와 같이 조정대상지역에서는 2주택 이상부터 중과세되어 8% 세율이 적용되고, 비조정대상지역에서도 3주택 이상부터는 중과세된다.

구 분		총 주택 수	비조정지역	조정지역
개 인	무주택자의 취득	1 채	1~3 %	1~3 %
	1주택자의 취득	2 채	1~3 %	8 % (일시적 2주택 : 1~3%)
	2주택자의 취득	3 채	8 %	12 %
	3주택자의 취득	4 채	12 %	12 %
법 인			12 %	12 %

그렇다면 1주택인데도 불구하고 중과세되는 경우는 무엇인지 살펴보자. 다음 네 가지 경우에서 특히 유의하자.

- 1주택을 보유하고 있으며, 조합원 입주권 및 분양권을 취득한 경우
- 주거용 오피스텔을 보유하고 있으며, 1주택을 취득한 경우
- 임대주택을 보유하고 있으며, 1주택을 취득한 경우
- 상속주택을 보유하고 있으며, 1주택을 취득한 경우

1주택을 보유하고 있으며, 조합원 입주권 및 분양권을 취득한 경우

1주택인 상황에서 입주권이나 분양권을 취득하는 경우에는 주택을 얻은 것으로 보아 2주택이 된다. 이는 취득세법 개정일인 2020년 8월 12일 이후 취득한 입주권이나 분양권이 해당된다. 따라서 이미 주택을 보유한 사람이 추가로 개정일 이후 입주권이나 분양권을 취득하면 다주택 취득이 되어 중과세된다. 입주권이나 분양권은 향후 건물이 준공되었을 때 취득세를 내지만 주택 수의 판단은 입주권 분양권을 취득한 날의 상황으로 판단하니 유의하자.

주거용 오피스텔을 보유하고 있으며, 1주택을 취득한 경우

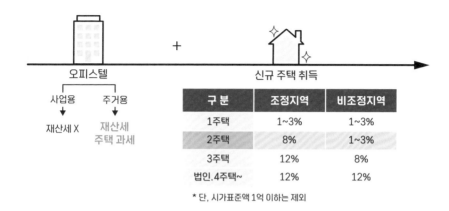

구 분	조정지역	비조정지역
1주택	1~3%	1~3%
2주택	8%	1~3%
3주택	12%	8%
법인.4주택~	12%	12%

* 단, 시가표준액 1억 이하는 제외

　오피스텔은 취득 시에는 주거용인지 상업용인지 용도가 정해져 있지 않다. 취득 후 오피스텔에 임차인이 들어오게 되면, 그때 목적이 사업인지 주거인지가 정해지고 그에 따라 사업용 오피스텔 또는 주거용 오피스텔로 구분된다. 주거용 오피스텔이 있다면, 재산세는 주택으로 과세된다. 이러한 상황에서 조정대상지역에 있는 주택을 새로 구매하게 된다면 2주택으로 인정되어 취득세가 8%로 중과된다. 단 신규로 얻는 주택의 시가표준액이 1억 원 이하라면 2주택에서 제외된다.

임대주택을 보유하고 있으며, 1주택을 취득한 경우

　마찬가지로 임대주택을 보유하고 있는데 새로 주택을 취득하게 되면 2주택이

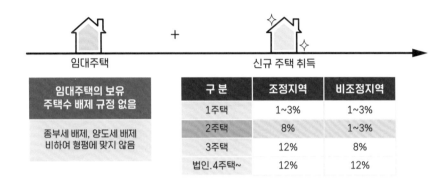

구 분	조정지역	비조정지역
1주택	1~3%	1~3%
2주택	8%	1~3%
3주택	12%	8%
법인.4주택~	12%	12%

임대주택의 보유 주택수 배제 규정 없음

종부세 배제, 양도세 배제 비하여 형평에 맞지 않음

되어 중과세된다. 다른 세법에서는 임대주택이 일정 요건을 갖추면 주택 수에서 제외되는 규정이 있었다. 예를 들어 종합부동산세법에서 임대주택은 사업 용도로 보고 주택 수에서 제외하여 혜택을 주고 있었고, 양도소득세법에서도 임대주택을 제외한 거주 주택에 대해서는 비과세 혜택을 주는 등 예외적인 조항을 두어 임대주택 사업을 지원하였다.

그러나 취득세법에서는 임대주택에 대한 중과세 예외 규정을 두지 않았다. 그래서 임대주택을 가지고 있는 사업자는 조정대상지역에 있는 주택을 새로 구매할 경우 중과세될 수 있다.

상속주택을 보유하고 있으며, 1주택을 취득하는 경우

상속주택을 보유한 사람이 추가로 주택을 취득할 경우 중과세될 수 있다. 상속

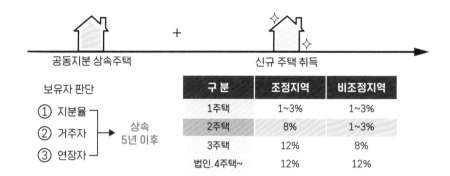

구 분	조정지역	비조정지역
1주택	1~3%	1~3%
2주택	8%	1~3%
3주택	12%	8%
법인,4주택~	12%	12%

으로 주택을 받고, 5년 이내에 신규주택을 취득하는 경우에는 신규주택을 1주택으로 보아 취득세 기본세율을 적용한다. 그러나 상속으로 받은 주택을 5년 이상 보유하고, 조정대상지역에 있는 주택을 새로 구매하는 경우에는 2주택으로 보아 중과세될 수 있다.

상속주택을 공동 지분으로 받은 경우에는 주택의 주 보유자를 판단하는 순서는 다음과 같다.

① 지분율이 가장 높은 사람
② 지분율이 같다면 해당 상속주택에 거주하고 있는 사람
③ 지분율이 같고 거주하고 있는 사람이 없다면, 최고 연장자인 사람

주된 보유자가 아닌 경우에는 상속주택을 주택 수에 포함하지 않으므로 새로 주택을 구매하더라도 1주택으로 보고 중과세되지 않는다.

신혼집을 부부 공동명의로 해야
유리한 이유

    부동산을 처음 사는 사람이라면 명의를 누구로 해야 할지 고민한다. 단독 명의가 유리할지, 배우자 또는 가족과 함께 공동 명의로 하는 것이 유리할지 말이다. 하지만 명의는 주택의 규모와 주택의 수를 고려해야 하는 문제다. 부동산의 명의는 분산할수록 나중에 양도소득세를 절감할 수 있다는 효과가 있지만 양도소득세뿐만 아니라 다른 절세를 위해, 취득 자금 출처의 관점과 가족 전체 재산의 관점에서 명의를 선택할 필요가 있다.

    먼저 취득 자금 출처 관점에서 살펴보자. 주택이나 부동산의 취득 자금은 주택 취득 자금뿐만 아니라 취득세와 중개수수료 등 제반 비용을 포함하는 금액을 말한다. 이러한 취득 자금은 연령 · 직업 · 재산 상태 · 사회경제적 지위 등을 고려하여 판단한다. 재산 취득일 전 10년 이내에 해당 재산 취득 자금 합계액이 다음의 기준 금액 미만인 경우에는 증여 추정 규정을 적용하지 않는다.

구분	취득재산		채무상환	총액한도
	주 택	기타재산		
30세 미만	5천만 원	5천만 원	5천만 원	1억 원
30세 이상	1억 5천만 원	5천만 원	5천만 원	2억 원
40세 이상	3억 원	1억 원	5천만 원	4억 원

[상속세 및 증여세법 집행기준 45-34-3]

다만 위 표에 기재된 기준 금액 이하이더라도 취득가액에 대해서 타인으로부터 증여받은 사실이 확인될 경우에는 증여세 과세대상이 되는 것에 유의하자. 따라서 취득 자금이 부족한 자녀가 부동산을 취득하거나 소득이 없는 주부가 고가의 부동산을 취득하는 경우에는 취득 자금에 대해 증여세가 부과될 수 있으므로 유의하여야 한다.

보유세 부담 절감 목적

또한 부동산은 보유하는 동안 재산세와 종합부동산세를 내야 한다. 이 중 재산세는 일정 비율로 과세되므로 명의에 따라 세금이 변동되지는 않지만 종합부동산세는 단독 명의인지 공동 명의인지에 따라 부과되는 세금이 달라진다. 하지만 2021년 세법이 개정되면서 명의에 따른 종합부동산세 차이가 줄어들었다.

① 종합부동산세 기본공제 확대(9억 원→11억 원, 2021년 9월 14일 개정)

2021년 종합부동산세가 개정되면서 단독 명의로 1주택인 경우에는 기본 공제 6억 원에 5억 원(개정 전 3억)을 더한 총 11억 원을 기본으로 공제하여 주고 공동 명의는 각각 지분별로 6억 원씩을 공제해 총 12억 원을 공제하여 준다. 기본 공제에서 단독 명의와 공동 명의의 차이가 엄청 크다고 할 수는 없지만 1세대 다주택자라면 공동 명의보다는 각각 1주택씩 단독 명의로 가지고 있는 것이 유리하다. 2채의 주택을 공동 명의로 절반씩 가지고 있으면 2주택으로 과세되지만 2주택을 단독 명의로 각각 1채씩 가지고 있으면 다주택 세율 규정을 피할 수 있기 때문이다.

② 단독 명의 1세대 1주택은 고령자 공제 및 장기보유공제 가능

종합부동산세법 제8조

과세표준~과세기준일 현재 세대원 중 1인이 해당 주택을 단독으로 소유한 경우로서 대통령령으로 정하는 1세대 1주택자(이하 "1세대 1주택자"라 한다)

종합부동산세법에서는 1주택이 단독 명의인지 공동 명의인지를 구분하여 과세한다. 1주택을 단독 명의로 가지고 있는 사람만 1세대 1주택자로 보며, 이 경우

고령자 공제		장기보유 공제	
연령	공제율(%)	보유기간	공제율(%)
60~65세	20	5~10년	20
65~70세	30	10~15년	40
70세 이상	40	15년 이상	50

60세 이상 고령자 공제와 장기보유^(5년 이상) 공제 혜택을 받을 수 있다. 고령자 공제 및 보유기간에 따른 공제 비율은 다음과 같다. 보유 공제와 연령 공제는 중복 적용이 가능하되 최대한도는 80%다.

공동 명의자는 해당 공제를 받을 수 없었지만 최근 공동 명의와 단독 명의의 차별을 없애기 위해서 공동 명의자라고 하더라도 1주택자처럼 장기보유공제와 고령자 공제를 선택하든지 각각의 지분으로 6억 원씩 공제를 받고 세액공제를 받지 않든지 선택할 수 있게 하였다.

향후 상속 문제 관점

상속의 관점에서 공동 명의를 살펴본다면 부동산은 가치가 상승하므로 부모의 자산이 형성되는 것보다 자녀의 명의로 주택이나 부동산을 취득하는 것이 유리할 수 있다. 주택의 경우에는 세대 분리가 되는 자녀가 주택을 취득하도록 하면 각각 1세대 1주택자가 될 수 있으므로 유리하다. 그리고 상가나 건물의 경우에는 명의를 부모님으로 할 경우에는 상속재산이 늘어나게 되므로 배우자나 자녀의 명의로 같이 취득하는 것이 향후 상속세를 줄이는 데 유리하다. 이렇듯 여러 가지 상황을 고려하여 부동산의 명의를 결정하는 것이 바람직하다.

부동산 산다고 끝이 아니다, 조심해야 할 자금출처조사

자금출처 소명 안내

주택이나 부동산을 취득하면 자금출처를 소명하는 세무조사가 나오는데 특히 최근 국세청은 부동산 구입 자금의 원천을 소명하는 세무조사를 많이 진행하고 있다.

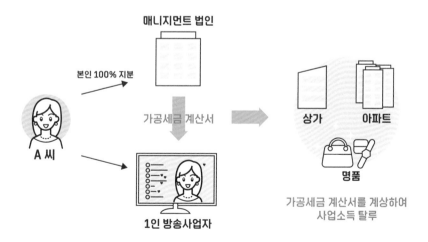

매니지먼트 법인

본인 100% 지분

가공세금 계산서

A 씨

1인 방송사업자

상가　아파트

명품

가공세금 계산서를 계상하여
사업소득 탈루

A씨가 고가의 아파트, 상가 빌딩 및 명품 등 총 ○○억 원의 고액 자산을 취득하자 국세청에서 자금 원천을 분석하였다. A씨는 인터넷에서 활동 중인 1인 방송 사업자로 개인 방송 및 화보 발행으로 발생하는 수입이 연간 ○억 원에 달했다. 그런데 개인 후원 계좌를 통해 고액의 금전을 증여받은 혐의가 있으며 본인 소유 매니지먼트 법인으로부터 매년 ○억 원의 가공 세금계산서를 수취하여 사업소득을 탈루한 혐의가 확인되었다. 따라서 A씨에 대한 개인통합조사 및 자금출처조사가 동시에 착수되었다. 이와 같이 국세청에서는 자금출처에 대해 여러 가지 분석을 하는데, 그중 핵심은 바로 소득지출 증빙시스템이다.

소득지출 증빙시스템

소득지출 증빙시스템은 국세청에서 PCI시스템과 FIU(금융정보분석원) 정보를 결합하여 세무조사 시에 활용하고 있다. 'PCI시스템'이란 간단하게 말하자면 '(재산증가액+소비지출액) – 신고된 소득금액=탈루 혐의 금액'이라고 할 수 있다.

재산증가액 + 소비지출액 – 소득신고액 = 탈루혐의액

국세청은 재산을 증식시키거나 소비하는 사람들의 행동 패턴을 알 수 있는 방법이 있다. 등기 대상 자산은 국가 행정망 정보를 통해 알 수 있는데 승용차, 콘도 골프 회원권 등은 구매 시 취득세를 내므로 파악 가능하다. 국세청은 심지어 개인이나 특수관계자의 통장 거래 및 금융 정보 내역까지 파악하고 있다.

또한 국세청은 개인의 신용카드, 현금영수증 사용 내역, 해외여행 횟수 등도 전산화하여 모든 내역을 보관하고 있다. 결국 재산을 모으는 것과 소비하는 금액의 합계액이 세무서에 신고된 금액보다 큰 경우에는 '탈루 혐의 금액' 또는 '부동산 자금의 증여 추정 금액'으로 인식하여 세무조사를 받을 가능성이 높다.

부모님께 돈 빌릴 때
잘못하면 증여세 폭탄 맞는다

차용금액의 원칙적 인정 여부

부동산 취득 시에는 굉장히 큰 자금이 들어간다. 지금까지 모아놓은 돈에 영혼까지 끌어모았지만 돈이 부족하여 부동산을 취득하기 어려울 때, 부모님에게 돈을 빌리는 경우가 있다. 또는 증여세를 피하기 위해 자녀에게 돈을 빌려주고 직접 부동산을 구매하게 하는 경우도 있다. 이때 부동산 취득 자금에 대한 세무조사가 나올 확률이 높으며 차용에 대해 증명이 되지 않는다면 증여세를 내게 된다. 그러므로 부모님에게 돈을 빌릴 때 관련 내용을 알아야 증여세를 내지 않고 차용을 인정받을 수 있다.

부모님께 차입하였다는 것은 원칙적으로는 비용으로 인정되지 않는다. 조세심판원 판례를 보면 직계존비속 간에는 금전소비대차가 원칙적으로 인정되지 않는다. 사례에서는 금전소비대차 계약서 및 이자 지급 사실이 입증되지 않으므로 아들의 주택취득자금 중 일부를 모친으로부터 증여받은 것으로 보아 증여세를 과세한 사례가 있다.[5]

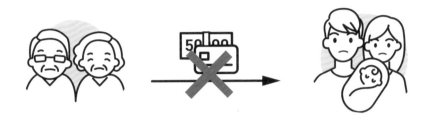

계약서가 중요할까, 이자지급 내역이 중요할까?

가족 간의 금전대여는 인정하지 않는 것이 원칙이다. 그러나 실제로 이자를 책정하고 지급까지 하였다면 이를 인정해주지 않는 것도 불합리하다.

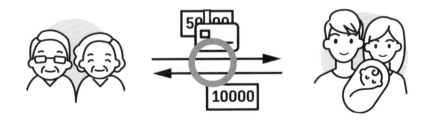

---

5   조심2010서3418, 2010. 12. 31.

이에 대해 심판례에서는 이자를 지급한 내용에 대해서 인정한 판례가 있다. 차용증서 없이 금전소비대차한 경우라도 실제로 상환하였다면 금융거래를 통하여 변제된 객관적 사실만큼 구체적인 것은 없다고 할 수 있다. 따라서 해당 금액에 대해서는 빌린 내역으로 인정한 판례이다.[6] 여기서 중요한 것은 계약서일까, 이자지급 내역일까? 바로 실제로 이자를 지급한 내역이다.

차용금액의 이자에 대한 원천징수 문제

부모에게 차용한 이후, 이자를 갚을 때 주의해야 할 사항이 있다. 부모는 원칙적으로 세법상 4.6%의 법정 이자를 받아야 한다. 만약 자녀가 2%만 지급하기로 한 경우에는 이자 지급 부분에 대해서 금융소득이 된다. 부모가 다른 금융(이자·배당) 소득이 2,000만 원을 넘는다면 자녀에게 받은 이자까지 포함하여 금융소득 종합과세 신고를 한다. 그리고 금융소득 종합과세 여부와는 관계없이 27.5%의 원천징수를 해야 하는 문제가 있다. 원천징수를 하지 않은 경우에는 종합소득에 합산하여 신고해야 한다.

---

6   조심2011서252, 2011. 8. 9.

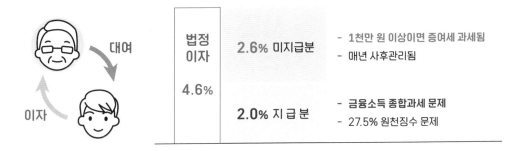

법정 이자 4.6%

2.6% 미지급분
- 1천만 원 이상이면 증여세 과세됨
- 매년 사후관리됨

2.0% 지급분
- 금융소득 종합과세 문제
- 27.5% 원천징수 문제

차용금액 이자를 지급하지 않은 부분

자녀가 2%의 이자만 지급하고 나머지 2.6%의 이자를 지급하지 않은 경우, 2.6%에 해당하는 금액이 매년 1,000만 원을 넘는다면 증여세 과세대상이 된다. 따라서 빌리는 금액의 원금에 대한 이자가 1,000만 원을 넘지 않도록 유의해야 한다. 이러한 내용은 매년 관할세무서에서 잘 갚았는지 사후관리 된다.

5월 말에 사면 세금 내고,
6월 초에 사면 세금 안 낸다?

재산세와 종합부동산세를 피하는 취득 시기

최근 종합부동산세의 증가로 취득 시기는 매우 중요한 부분이 되었다. 재산세나 종합부동산세의 보유세는 6월 1일을 기준으로 과세하기 때문이다. 주택의 취득 시기는 잔금청산일과 등기일 중 빠른 날로 보기 때문에 6월 1일 이후에 잔금이 지급되도록 하는 것이 유리하다.

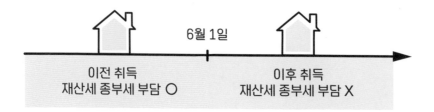

만약 6월 1일 이전에 주택을 취득^(잔금지급)하면 그해의 재산세와 종합부동산세를 부담하게 된다. 그러나 6월 1일 이후에 잔금지급 후 등기를 가져왔다면 그해의 재산세와 종합부동산세를 피할 수 있다. 일시적 2주택자도 종합부동산세를 내는데 문제는 일시적 2주택자의 경우에는 종합부동산세 부담이 더 클 수 있다는 점이다. 6월 1일 이전에 신규 주택을 취득하고 6월 1일 이후에 구주택을 처분하였다면, 6월 1일 시점에서는 2주택자가 된다.

2주택이라 하더라도 일시적인데, 종합부동산세법에서는 이를 고려해주지 않는 것이 다소 억울할 수 있다. 취득세도 일시적 2주택의 경우에는 중과를 하지 않고, 양도소득세에서도 일시적 2주택의 경우에는 중과를 하지 않기 때문이다.

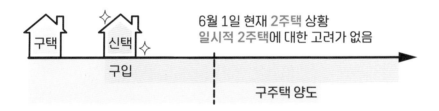

증여로 취득 시 개별공시지가 이전이 유리

증여하는 시기는 개별공시지가 발표 이전이 유리하다. 개별공시지가는 매년 4월 말경 발표되는데 대부분 물가상승률만큼 토지가격은 상승하므로 매년 공시가액도 증가하는 것이 일반적이다. 따라서 개별공시지가의 발표 이전에 증여하는 것이 이후에 증여하는 것보다 취득세가 적게 나올 수밖에 없다. 따라서 증여하려면 개별공시지가 발표 이전, 주택의 공시가액 발표 이전이 유리하다.

2023년 이전의 취득이 취득세 절감 효과 면에서 유리

2023년 이후의 지방세법 개정 예정 사항에 따르면 2023년 1월 1일 이후에는 취득세 산정 기준액이 시가표준액에서 '시가인정액'으로 변경된다.

· 시가표준액: 취득세, 재산세, 등록세 등 지방세를 책정하기 위해서 정부에서 기준으로 설정한 금액을 의미한다.

· 시가인정액: 정부에서 발표한 시가표준액이 아닌 매매가액, 감정평가가액, 공매가액 그리고 유사 매매사례 가액, 즉 '시가'를 의미한다.

[사례] 서울시 동작구 OO아파트

· 시가표준액: 공동주택 공시가격 800,000,000원^(8억 원)

국토교통부 부동산 공시가격알리미 사이트에서 확인 가능하다.

· 시가: 매매 사례가액 1,000,000,000원^(10억 원)

국토교통부 실거래가 사이트에서 확인 가능하다.

일반적으로 시가보다 시가표준액이 적으므로 2023년 취득보다는 그 이전에 취득하는 것이 유리하다.

법인으로 부동산을 구매할 때
'이것' 조심해야 한다

개인의 경우 주택에 대한 취득세 중과에만 유의하면 되지만 법인은 주택뿐 아니라 일반 부동산도 취득세가 중과될 수 있다.

주택을 법인으로 취득한 경우 취득세 중과

법인이 소유한 주택의 중과세는 다주택에 관련하여 이미 앞에서 설명하였다. 개인의 경우 주택 수에 따라, 조정대상지역에서뿐만 아니라 비조정대상지역에서도 다주택자는 중과세를 부담한다.

구분	1주택	2주택	3주택	법인.4주택~
조정대상지역	1~3%	8%	12%	12%
비조정대상지역	1~3%	1~3%	8%	12%

일반 부동산을 법인으로 취득한 경우 취득세 중과

법인의 경우에는 중과세에 더욱 주의해야 한다. 법인이 부동산을 취득하는 이유는 사람이 모이도록 개발하거나 사업을 위한 것이기 때문에 대도시 내에서 부동산을 취득하게 되면 중과세를 한다. 또한 사치성 재산에 해당하는 경우에도 중과세된다.

중과세 대상		세율 예시
대도시 내 법인	①-1. **본점용 부동산 신·증축** 위한 부동산의 취득	- 건물신축 : 2.8% + (2% x 2배) = **6.8%** - 토지취득 : 4% + (2% x 2배) = **8%**
	①-2. **공자 신·증설** 위한 부동산의 취득	- 공장신축 : 2.8% + (2% x 2배) = **6.8%** - 토지취득 : 4% + (2% x 2배) = **8%**
	②-1. **법인설립, 지점설치, 전입관련** 부동산의 취득	- 건물신축 : 2.8% x 3배 - (2% x 2배) = **4.4%** - 토지취득 : 4% x 3배 - (2% x 2배) = **8%**
	②-2. **공장 신·증설** 하기위한 부동산의 취득	- 공장신축 : 2.8% x 3배 - (2% x 2배) = **4.4%** - 토지취득 : 4% x 3배 - (2% x 2배) = **8%**
	① 및 ②이 동시 적용 되는 경우 (예 : 법인설립 후 5년 내 본점 신축)	- 건물신축 : 표준세율(2.8%) x 3배 = **8.4%** - 토지취득 : 표준세율(4%) x 3배 = **12%**
사치성 재산	③-1. **별장**, ③-2. **골프장**, ③-3. **고급주택**, ③-4. **고급오락장**, ③-5. **고급선박**	- 건물신축 : 2.8% + (2% x 4배) = **10.8%** - 토지취득 : 4% + (2% x 4배) = **12%** - 고급주택취득 : 2~3% + (2% x 4배) = **10~11%**
	② 및 ③이 동시 적용 되는 경우 (예 : 법인이 대도시 내 고급오락장 취득)	- 표준세율(4%) x 3배 + 중과기준세율(2%) x 2배 = **16%**
	법인·다주택자의 주택취득과 ③이 동시 적용 되는 경우 (예 : 법인이 고급주택을 취득)	- 중과세율(8~12%) + 중과기준세율(2%) x 4배 = **16~20%**

특히 건물을 법인으로 사는 경우에는 취득세가 중과되는 경우가 많다. 현실적으로 법인이 중과세를 받는 경우는 과밀억제권역 안에 본점이나 주사무소 및 공장

을 신·증설할 때 붙는 중과세[7]와 대도시 내 법인 중과세[8]로 많이 낸다.

지방세법 제13조 [과밀억제권역 안 취득 등 중과]

① 「수도권정비계획법」 제6조에 따른 과밀억제권역에서 대통령령으로 정하는 본점이나 주사무소의 사업용으로 신축하거나 증축하는 건축물과 그 부속토지를 취득하는 경우와 같은 조에 따른 과밀억제권역(「산업집적활성화 및 공장설립에 관한 법률」을 적용받는 산업단지·유치지역 및 「국토의 계획 및 이용에 관한 법률」을 적용받는 공업지역은 제외한다)에서 공장을 신설하거나 증설하기 위하여 사업용 과세물건을 취득하는 경우의 취득세율은 제11조 및 제12조의 세율에 중과기준세율의 100분의 200을 합한 세율을 적용한다.

② 다음 각 호의 어느 하나에 해당하는 부동산(을 취득하는 경우의 취득세는 제11조제1항의 표준세율의 100분의 300에서 중과기준세율의 100분의 200을 뺀 세율(제11조제1항제8호에 해당하는 주택을 취득하는 경우에는 제13조의 2 제1항 제1호에 해당하는 세율)을 적용한다. 다만, 「수도권정비계획법」 제6조에 따른 과밀억제권역(「산업집적활성화 및 공장설립에 관한 법률」

---

7 지방세법 제13조제1항
8 지방세법 제13조제2항

을 적용받는 산업단지는 제외한다. 이하 이 조 및 제28조에서 "대도시"라 한다)에 설치가 불가피하다고 인정되는 업종으로서 대통령령으로 정하는 업종(이하 이 조에서 "대도시 중과 제외 업종"이라 한다)에 직접 사용할 목적으로 부동산을 취득하는 경우의 취득세는 제11조에 따른 해당 세율을 적용한다. (2020. 8. 12. 개정)

　1. 대도시에서 법인을 설립[대통령령으로 정하는 휴면(休眠)법인(이하 "휴면법인"이라 한다)을 인수하는 경우를 포함한다. 이하 이 호에서 같다]하거나 지점 또는 분사무소를 설치하는 경우 및 법인의 본점·주사무소·지점 또는 분사무소를 대도시 밖에서 대도시로 전입함에 따라 대도시의 부동산을 취득(그 설립·설치·전입 이후의 부동산 취득을 포함한다)하는 경우 (2016. 12. 27. 개정)

　2. 대도시에서 공장을 신설하거나 증설함에 따라 부동산을 취득하는 경우 (2010. 3. 31. 개정)

과밀 억제 권역 내의 취득 중과세

법인이 취득세 중과를 피하기 위해서는 미리 법무사 또는 세무사와 상담하여

진행하여야 한다. 과밀억제권역 외 지역에 본점 및 지점이 있거나 과밀억제권역 이내라도 법인 설립 후 5년이 지난 경우의 부동산을 취득하면 중과세를 피할 수 있다. 수도권정비계획법 시행령 [별표 1]에 따른 과밀억제권역, 성장관리권역 및 자연보전권역의 범위^(제9조 관련)는 다음과 같다. 다음 표에 따르면 과밀억제권역 이외의 법인을 설립하여 과밀억제권역의 부동산을 취득하는 경우에는 중과세가 부과되지 않는다.

[별표 1]

과밀억제권역	성장관리권역	자연보전권역
1. 서울특별시 2. 인천광역시[강화군, 옹진군, 서구 대곡동·불로동·마전동·금곡동·오류동·왕길동·당하동·원당동, 인천경제자유구역(경제자유구역에서 해제된 지역을 포함한다) 및 남동 국가산업단지는 제외한다] 3. 의정부시 4. 구리시 5. 남양주시(호평동, 평내동, 금곡동, 일패동, 이패동, 삼패동, 가운동, 수석동, 지금동 및 도농동만 해당한다) 6. 하남시 7. 고양시 8. 수원시 9. 성남시 10. 안양시 11. 부천시 12. 광명시 13. 과천시 14. 의왕시 15. 군포시 16. 시흥시[반월특수지역(반월특수지역에서 해제된 지역을 포함한다)은 제외한다]	1. 인천광역시[강화군, 옹진군, 서구 대곡동·불로동·마전동·금곡동·오류동·왕길동·당하동·원당동, 인천경제자유구역(경제자유구역에서 해제된 지역을 포함한다) 및 남동 국가산업단지만 해당한다] 2. 동두천시 3. 안산시 4. 오산시 5. 평택시 6. 파주시 7. 남양주시(별내동, 와부읍, 진전읍, 별내면, 퇴계원면, 진건읍 및 오남읍만 해당한다) 8. 용인시(신갈동, 하갈동, 영덕동, 구갈동, 상갈동, 보라동, 지곡동, 공세동, 고매동, 농서동, 서천동, 언남동, 청덕동, 마북동, 동백동, 중동, 상하동, 보정동, 풍덕천동, 신봉동, 죽전동, 동천동, 고기동, 상현동, 성복동, 남사면, 이동면 및 원삼면 목신리·죽릉리·학일리·독성리·고당리·문촌리만 해당한다) 9. 연천군 10. 포천시 11. 양주시 12. 김포시 13. 화성시 14. 안성시(가사동, 가현동, 명륜동, 숭인동, 봉남동, 구포동, 동본동, 영동, 봉산동, 성남동, 창전동, 낙원동, 옥천동, 현수동, 발화동, 옥산동, 석정동, 서인동, 인지동, 아양동, 신흥동, 도기동, 계동, 중리동, 사곡동, 금석동, 당왕동, 신모산동, 신소현동, 신건지동, 금산동, 연지동, 대천동, 대덕면, 미양면, 공도읍, 원곡면, 보개면, 금광면, 서운면, 양성면, 고삼면, 죽산면 두교리·당목리·칠장리 및 삼죽면 마전리·미장리·진촌리·기솔리·내강리만 해당한다) 15. 시흥시 중 반월특수지역(반월특수지역에서 해제된 지역을 포함한다)	1. 이천시 2. 남양주시(화도읍, 수동면 및 조안면만 해당한다) 3. 용인시(김량장동, 남동, 역북동, 삼가동, 유방동, 고림동, 마평동, 운학동, 호동, 해곡동, 포곡읍, 모현면, 백암면, 양지면 및 원삼면 가재월리·사암리·미평리·좌항리·맹리·두창리만 해당한다) 4. 가평군 5. 양평군 6. 여주시 7. 광주시 8. 안성시(일죽면, 죽산면 죽산리·용설리·장계리·매산리·장릉리·장원리·두현리 및 삼죽면 용월리·덕산리·율곡리·내장리·배태리만 해당한다)

부동산 살 때 절세 Q&A

Q. 아파트를 분양받은 경우 언제까지 취득세를 신고·납부해야 하나요?

A. 법인인 시행사로부터 아파트를 분양받은 경우 취득 시기는 사실상의 잔금지급일이며, 그 날부터 60일 이내에 취득세를 신고·납부하여야 합니다. 다만, 등기일 또는 등록일이 사실 상의 잔금지급일보다 빠른 경우에는 등기일 또는 등록일이 취득일이며, 그날부터 60일 이 내에 취득세를 신고·납부하여야 합니다.

Q. 개인 간 매매계약에 따라 주택을 취득한 경우 언제까지 취득세를 신고·납부해야 하나요?

A. 개인 간 부동산을 매매한 경우 취득 시기는 계약서상의 잔금지급일이며, 그날부터 60일 이내에 취득세를 신고·납부하여야 합니다. 다만, 등기일 또는 등록일이 계약서상의 잔금 지급일보다 빠른 경우에는 등기일 또는 등록일이 취득일이며, 그날부터 60일 이내에 취득 세를 신고·납부하여야 합니다.

Q. 개인 간 주택을 매매했으나, 소유권이전등기를 하기 전에 당사자 간 합의에 따라 계약을 해제한 경우 종전에 납부한 취득세를 환급받을 수 있나요?

A. 계약해제신고서(계약해제사실을 알 수 있는 서류를 첨부) 등을 취득일로부터 60일 이내 에 과세관청에 제출한 경우 취득으로 보지 않아서 환급받을 수 있으나, 이미 등기·등록이 된 경우라면 환급받을 수 없습니다.

Q. 상속이 이루어진 경우 언제까지 취득세를 신고·납부해야 하나요?

A. 상속이 이루어진 경우 취득 시기는 상속개시일(피상속인의 사망일)이며, 상속개시일이 속하는 달의 말일부터 6개월 이내에 취득세를 신고·납부하여야 합니다. 예를 들어 1월 15일에 피상속인 사망으로 상속이 개시된 경우에는 7월 31일까지 취득세를 신고·납부하여야 합니다.

Q. 개인 간의 거래로 주택을 취득하는 경우 취득세 과세표준은 어떻게 산정해야 하나요?

A. 부동산 실거래가액이 확인되는 경우(「부동산 거래신고 등에 관한 법률」에 따라 검증이 이루어지는 경우)에는 그 가액을 과세표준으로 보아 취득세를 신고·납부해야 합니다. 다만, 상속·증여 등과 같이 실거래가액이 확인되지 않는 경우에는 시가표준액(공시된 주택가격)을 과세표준으로 보아 취득세를 신고·납부해야 합니다.

Q. 아파트 분양권을 취득하면서 프리미엄을 더하여 대금을 지급한 경우 이를 취득세 과세표준에 포함하여 신고·납부해야 하나요?

A. 아파트 분양권은 「지방세법」에 따른 취득세 과세대상에 해당되지 않아 분양권 취득 당시에는 취득세 신고·납부 대상이 아닙니다. 다만, 실제로 잔금을 지급하고 입주하는 사람은 해당 아파트의 취득세 납세자로서 분양가액과 프리미엄(플러스 또는 마이너스 프리미엄 모두 포함)을 합산한 금액이 취득세 과세표준이 됩니다.

Q. 제가 오피스텔을 구매했을 때, 취득세는 일반 세율 4.6%를 적용했습니다. 그런데 재산세를 내려고 보니 오피스텔을 주택으로 보고 과세하였습니다. 왜 그런가요?

A. 오피스텔을 처음 취득할 때는 그 용도가 사업용인지 주거용인지 확실하지 않기 때문에 일반 세율 4.6%로 동일하게 취득세를 부과합니다. 이후 오피스텔 용도에 따라 재산세가 다르게 책정되는데 주거용일 경우에는 시가표준 60%의 0.1~0.4%에 따른 세율이 부과됩니다. 「주택법」상 오피스텔과 함께 '준 주택'으로 분류되는 고시원, 기숙사 등에 대해서는 취득시점에 확인 가능한 건축물대장 등의 공부에 기재되어 있는 업무시설로 보아 4%의 세율을 적용합니다.

Q. 제가 올해 서른이 넘었고 독립하여 살고 있습니다. 부모님은 현재 아파트를 한 채 보유하고 있는데, 제가 만약 부동산을 취득하게 된다면 1세대 1주택자가 될 수 있나요?

A. 1세대의 범위는 「주민등록법」 제7조에 따른 세대별 주민등록표에 함께 기재된 가족으로 보고 있습니다. 단, 배우자 또는 30세 미만의 미혼 자녀는 세대를 분리하여 거주하더라도 1세대로 간주합니다. 세법에서는 배우자가 없는 단독 세대는 별도의 1세대로 인정하지 않으나 예외 사항이 있습니다. 그중 하나가 거주자의 연령이 30세 이상일 경우입니다. 따라서 서른이 넘었고 독립하여 살고 있다면 부모와는 별도 세대로 보아 1세대 1주택자가 될 수 있습니다.

Q. 30세 미만인 미혼 자녀가 취업하여 소득이 있어도 부모의 세대원에 포함되나요?

A. 해당 자녀의 소득이 「국민기초생활 보장법」 제2조제11호에 따른 기준 중위소득의 40%이상으로서 분가하는 경우 부모와 구분하여 별도의 세대로 판단합니다. 단, 미성년자(만 18세 이하)인 경우에는 소득요건이 충족하더라도 부모의 세대원에 포함됩니다.

Q. 부모님을 동거봉양(同居奉養)하기 위하여 세대를 합가(合家)한 경우에 다주택자가 되나요?

A. 자녀가 65세 이상의 직계존속(배우자의 직계존속을 포함)을 동거봉양하기 위하여 세대를 합친 경우, 65세 이상 직계존속과 자녀의 세대를 각각의 별도의 세대로 간주합니다.

Q. 3주택을 소유한 A가 2년간의 해외파견으로 주민등록법에 따른 해외체류신고를 하면서 형제관계인 B(1주택 소유)의 주소를 체류지로 신고한 상태에서, B가 주택 취득 시 적용 세율은 얼마인가요?

A. B는 A와 별도의 세대로 보므로, B의 주택 취득이 일시적 2주택에 해당하는 경우 1~3%를 적용합니다. 그러나 일시적 2주택에 해당하지 않는 경우 8%를 적용합니다.

Q. 65세 이상 부모를 동거봉양 하기 위해 합가하는 경우에 대한 구분방법은 무엇인가요?

A. 별도 세대였다가 합가한 경우로 한정하지 않고 취득일 전부터 계속해서 합가인 상태까지 포함하여 적용합니다. 또한 부모가 자녀의 세대에 합가한 경우도 별도 세대로 적용합니다.

Q. 부부가 공동 소유하는 경우 주택 수 계산방식은 무엇인가요?

A. 세대 내에서 공동 소유하는 경우는 개별 세대원이 아니라 '세대'가 1개 주택을 소유하는 것으로 산정합니다. 다만, 동일 세대가 아닌 자와 지분으로 주택을 소유하는 경우는 각각 1주택을 소유하는 것으로 산정합니다.

Q. 상속인 간 협의가 진행되지 않아 미등기 상태인 경우도 주택 수로 산정하나요?

A. 공동상속주택의 소유자 판단 기준에 따라 해당 상속인의 주택 수로 보되, 상속등기가 이루어지거나 상속인의 변경등기가 있는 경우에는 상속개시일로 소급하여 해당상속인이 취득한 것으로 봅니다.

Q. 1억 원 이하 주택은 주택 수 산정에서 제외된다고 알고 있습니다. 이번에 1억 원 이하의 입주권을 취득하게 되었는데, 입주권이나 분양권, 오피스텔도 1억 원 이하 주택에 포함되나요? 만약 제가 1주택을 보유한 상태에서 1억 원 이하 입주권이나 분양권, 오피스텔을 취득하더라도 1주택으로 보나요?

A. 입주권, 다만 분양권은 가격과 무관하게 주택 수에 산정하기 때문에 2주택으로 보고 취득세가 중과됩니다. 다만 오피스텔의 경우 시가표준액 1억 원 이하라면 주택 수에서 제외합니다.

Q. 오피스텔과 아파트 분양 중에 고민하고 있습니다. 오피스텔을 먼저 취득하는 게 좋을까요? 아니면 아파트를 먼저 구매하고 나중에 오피스텔을 추가 취득하는 게

좋을까요?

A. 아파트를 먼저 분양받는 것이 좋습니다. 오피스텔의 경우 처음에 취득할 때는 용도가 정해지지 않아 사업용이든 주거용이든 동일하게 4.6%의 세율을 적용받습니다. 아파트의 경우 처음 취득하게 되면 세율이 1~3%이 부과됩니다. 하지만 오피스텔을 먼저 취득한 다음에 아파트를 구매하게 되면 2주택자가 되어 취득세 8%를 부담해야 합니다. 그러므로 아파트를 먼저 구매하고, 이후에 오피스텔을 얻는 것이 취득세를 아끼는 방법입니다.

Q. 1주택이 있는 상황에서 오피스텔 분양권을 얻었는데, 주택 수에 포함될까요?

A. 오피스텔은 취득 후 실제 사용하기 전까지는 해당 오피스텔이 주거용인지 상업용인지 확정되지 않으므로 오피스텔 분양권은 주택 수에 포함되지 않습니다.

Q. 이사를 가기 위해서 주택을 추가로 구매했는데, 2주택자가 되어 취득세가 중과되나요?

A. 1주택을 소유한 세대가 거주지를 이전하기 위하여 신규 주택을 취득하여 일시적으로 2주택이 된 경우에는 중과세를 부과하지 않습니다. 따라서 신규주택 취득 시 우선 1주택 세율(1~3%)로 신고·납부하면 됩니다. 다만 종전 주택을 3년 이내에 처분하지 않고 계속 보유하는 경우 2주택에 대한 세율(8%)과의 차액(가산세 포함)이 추징됩니다. 종전 주택과 신규 주택이 모두 조정대상지역에 있다면 1년 이내에 처분해야 함에 유의하세요.

Q. 현재 두 채의 주택을 소유하고 있는데, 이사 갈 집을 새로 구매하려고 합니다. 이 경우에도 일시적인 주택 소유로 보고, 중과세되지 않나요?

A. 2주택 이상을 보유한 다주택자는 이사 등의 사유로 신규 주택을 취득하더라도 '일시적 2주택'에 해당하지 않습니다. 따라서 신규 주택에 대한 취득은 중과세율이 적용됩니다.

Q. 1주택을 소유하고 있는 상태에서 아파트 분양권을 구매했는데, 일시적 2주택자로 중과세되지 않으려면 지금 가지고 있는 주택을 언제까지 처분해야 하나요?

A. 분양권이나 입주권이 주택 수에는 포함되지만, 그 자체는 거주할 수 있는 주택의 실체가 없으므로 아파트 준공 후 주택의 취득일을 기준으로 3년 이내(조정대상지역 1년)에 종전 주택을 처분하는 경우에는 일시적 2주택으로 봅니다.

Q. 재건축사업으로 거주하던 주택(A)에서 퇴거하면서 신규 주택(B)을 취득하였다가 재건축된 주택에 입주하면서 신규 주택(B)을 처분하는 경우에도 일시적 2주택으로 볼 수 있는지?

A. 일시적 2주택에 해당합니다. 다만 재건축 주택의 완공 시까지 일시적으로 거주하기 위해 신규 주택을 취득한 점을 고려하여, 재건축된 주택의 취득일을 기준으로 3년(조정대상지역 1년)이내*에 신규 주택을 처분하는 경우에는 일시적 2주택으로 봅니다.

*종전 주택과 신규 주택이 모두 조정대상지역 소재 시 1년 이내.

Q. 2020년 8월 12일 이전에 계약한 주택을 보유 중인데, 새로 주택을 구매할 경우 중과세율이 적용되나요?

A. 정부가 「주택시장 안정 보완대책」을 발표한 2020년 7월 10일 이전(발표일 포함)에 매매 계약을 체결한 사실이 부동산 실거래 신고자료, 계약금과 관련된 금융거래 내역, 시행사 와의 분양계약서 등으로 인정되면 시행일인 2020년 8월 12일 이후에 취득하더라도 종전 세율(3주택 이하 1~3%, 4주택 이상 4%)을 적용합니다.

Q. 주택을 소유한 1세대 중 A가 2020년 5월 15일 공동주택 분양계약 체결한 후, 2020년 7월 15일 해당 분양권의 50%를 배우자인 B에게 증여한 상태에서 2020 년 12월 31일 준공으로 취득한 경우 적용 세율은 얼마인가요?

A. A의 경우 종전 규정을 적용하므로 4% 적용, B의 경우 개정 규정을 적용하므로 12%를 적 용합니다.

Q. 2020년 8월 12일 전에 취득한 업무용 오피스텔을 2020년 8월 12일 이후에 주거 용 오피스텔로 전환하는 경우 주택 수 산정에 포함되나요?

A. 「지방세법」 부칙 제3조에 따라 주거용 오피스텔을 법시행 전에 취득한 경우에 해당하므 로, 주택 수에 포함하지 않습니다.

Q. 재개발 구역 내 주택을 소유하고 있다가 해당 재개발 사업으로 조합원입주권을

취득하는 경우 주택 수에 산정하는 조합원입주권의 취득시점은 언제인가요?

A. 조합원입주권을 주택 수에 포함한 것은 주거용 건축물이 멸실되었지만 주택으로 보아 주택 수에 가산하겠다는 중과제도 취지를 반영한 것으로[9] 해당 주택의 멸실 전까지는 주택을 소유한 것이므로, 멸실 이후부터 조합원입주권을 소유한 것으로 보아야 합니다.

※ 관리처분계획 인가가 있는 경우라도 해당 주거용 건축물이 사실상(또는 공부상) 멸실되기 전까지는 주택으로, 멸실 이후에는 토지로 보아 취득세와 재산세를 과세하는 지방세 과세체계와 일관성 유지하기 위함입니다.

---

9   지방세법 제13조의3 제2호

3장

부동산_가지고만 있어도 내는 세금, 보유세 절세 전략 세우기

임대수익이 높다면
분리과세를 이용해 세금을 줄여라

부동산을 취득하고 나면 임대수익이 나오고 금융자산을 취득하고 나면 이자·배당수익이 나온다. 마치 닭을 가지고 있으면 계란이 나오는 것과 같은 이치이다. 부동산의 임대소득이나 금융자산의 이자소득이나 배당소득은 필연적으로 소득을 늘린다. 최근 보유세의 부담이 높아서 전세를 월세로 돌리거나, 기존의 월세를 인상하여 투자하여 소득을 늘리는 등 보유세를 줄이기 위한 방법도 고민하여야 한다. 부동산임대소득과 금융자산의 이자·배당소득은 기본적으로 소득세 중에 종합소득으로 분류되어 과세된다.

종합소득 기본세율		
과세표준	세 율	누진공제
1,400만 원 이하	**6**%	0
5천만 원 이하	**15**%	108만 원
8,800만 원 이하	**24**%	522만 원
1억 5천만 원 이하	**35**%	1,490만 원
3억 원 이하	**38**%	1,940만 원
5억 원 이하	**40**%	2,540만 원
10억 원 이하	**42**%	3,540만 원
10억 원 초과	**45**%	6,540만 원

종합소득으로 분류되어 합산된다는 것은 다른 소득과 합하여 과세된다는 의미이다. 즉 부동산임대소득과 이자·배당소득이 근로소득과 합하여 과세되기 때문에 다른 근로소득이 많은 사람은 높은 소득세율로 세금을 부담할 수 있다. 따라서 부동산임대소득이나 주식 배당소득은 일부를 분리과세 형태로 운영하고 있다. 참고로 종합소득세율은 다음과 같다.

부동산임대소득은 상가 등 일반 임대소득과 주택임대소득으로 나눌 수 있다.

부동산임대소득	부가세과세	개인소득세	법인세
상가 등	O	종합과세	O
주 택	O	종합과세 (2천 이하 분리과세 선택 가능)	O

상가 등 사업용 자산의 임대소득은 법인과 개인 모두 부가가치세가 과세된다. 그러나 주택의 임대소득은 고가 주택이라고 하더라도 부가가치세가 과세되지 않는다.

소득의 면에서는 개인과 법인으로 나누어 볼 수 있는데, 개인의 경우에는 상가 등 임대소득은 선택의 여지가 없이 합산되어 종합과세 된다. 그러나 주택임대소득은 총 수입금액의 합계액이 2,000만 원 이하인 경우 종합과세와 분리과세 중 선택 가능한 제도로 나뉘어 있다. 종합과세는 개인별로 과세되기 때문에 높은 세율의 부담을 피하기 위하여 공동 명의로 줄이는 방법, 법인을 통한 절세 방법을 찾을 수 있다.

98만 원짜리 세금을 18만 원으로
줄이는 '과세 유형 선택'의 비밀

종합소득 과세대상과 비과세대상

주택임대소득의 경우에도 과세대상이 되는 주택과 그렇지 않은 것이 있다. 먼저 1주택의 경우에는 임대소득에 대해서 과세되지 않는다. 그러나 해외에 위치한 주택에서 월세 소득이 있거나, 국내 주택의 가격^(기준시가)이 12억 원을 넘는 경우에는 과세된다. 그리고 12억 원 미만의 국내 1주택자는 대체로 임대소득세를 부담하지 않는다. 다만 최근 부동산 가격의 상승으로 서울, 경기의 주택가격이 올랐으므로 임대소득에 대해 과세되는 케이스가 증가하였다.

2주택 이상인 경우에는 임대소득세를 부담한다. 그러나 이 경우에도 임대소득이 2,000만 원 이하인 경우에는 종합과세와 분리과세 중 선택이 가능하다. 그리고 2,000만 원 이하의 주택임대소득자는 구청 등 지자체에 등록된 임대주택 사업자와

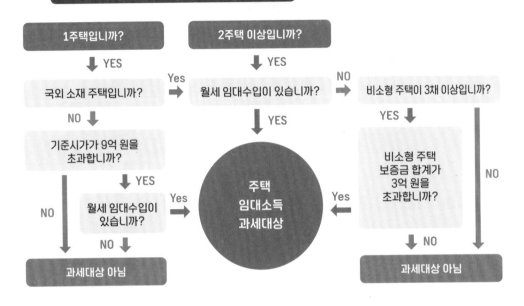

구청에 미등록한 임대사업자로 나뉜다. 실무적으로는 일반 임대와 임대사업자 등록을 통한 임대사업으로 등록하여 신고하는 두 가지 방법이 있다.

등록 임대주택과 미등록 임대주택

임대주택은 실제 같은 임대를 하더라도, 등록 임대주택과 미등록 임대주택으로 나뉜다. 등록 임대주택은 세무서 및 지방자치단체에 등록한 주택 임대사업 등록자를 칭하

구 분	등록 임대주택	미등록 임대주택
신 고	구청 등 지자체 + 세무서	세무서
관련 법령	민간주택임대법	소득세법
선택 가능	선택 등록	의무사업자 등록
준수사항	임대주택법상 공적의무 준수	사업장 현황신고 종합소득세 신고

는데 등록 임대주택은 일반(구청 등 지자체 미등록) 임대사업자와 다음과 같은 차이가 있다.

앞서 언급했듯이 '등록 임대사업자'라는 말은 민간 임대주택법에 따라 구청이나 시청 등 지방자치단체에 등록한 사업자를 말하며 세무서에도 사업자 등록을 해야 한다. 그러나 '일반 임대사업자'는 임대주택법에 따라 구청이나 지자체에 등록하지 않고 세무서에 사업자 등록만을 한 것을 말한다.

등록 임대주택은 세무서 사업자 등록에 추가로 선택하여 지자체에 등록한 것이다. 이에는 종합부동산세나 소득세, 양도소득세에서 혜택을 주는 장점이 있는 반면, 등록하게 되면 10년 이상 장기임대를 하여야 하고, 임대료를 5% 이상 올리지 못하는 등 공적 의무가 있다.

등록 임대주택 요건

① 「민간임대주택에 관한 특별법」 제5조에 따른 임대사업자등록을 한 자가 임대중 인 같은 법 제2조 제4호에 따른 공공지원민간임대주택, 같은 조 제 5호에 따른 장기일반민간임대주택 또는 같은 조 제6호에 따른 단기 민간임대주택일 것

② 「소득세법」 제168조에 따른 사업자의 임대주택일 것

③ 임대보증금 또는 임대료의 증가율이 100분의 5를 초과하지 않을 것
(임대계약 체결 또는 임대료 증액 후 1년 이내 재증액 불가)

주택임대소득의 2,000만 원 이하 분리과세

임대사업자는 먼저 2,000만 원 이하의 분리과세 선택 신고와 2,000만 원 이상 소득에 대한 종합과세 신고로 나누어 신고를 하게 된다. 주택임대소득의 합계액이 2,000만 원 이하인 경우 종합과세와 분리과세를 선택할 수 있다. 임대소득이 적은데 종합과세 되는 근로소득이나 사업소득이 많다면, 예를 들어 1억 원 연봉의 경우 기본세율이 35%로 결정된다. 이런 고액 연봉자는 임대소득에 대해서 14%만을 세금 납부하는 분리과세를 선택하는 것이 유리하다.

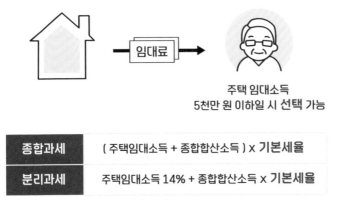

주택 임대소득
5천만 원 이하일 시 선택 가능

종합소득기본세율		
과세표준	세 율	누진공제
1,400만 원 이하	6%	0
5천만 원 이하	15%	108만 원
8,800만 원 이하	24%	522만 원
1억 5천만 원 이하	35%	1,490만 원
3억 원 이하	38%	1,940만 원
5억 원 이하	40%	2,540만 원
5억 원 초과	42%	3,540만 원
10억 원 초과	45%	6,540만 원

종합과세	(주택임대소득 + 종합합산소득) x 기본세율
분리과세	주택임대소득 14% + 종합합산소득 x 기본세율

그러나 종합소득이 전혀 없고 임대소득에 대한 과세표준도 1,200만 원 이하인 경우에는 기본세율 6%만 부담하면 된다. 따라서 종합합산되는 다른 소득이 없는 사람이라면, 주택임대소득 분리과세를 선택하는 것보다 합산하여 세금을 내는 것을 선택하는 것이 유리하다.

2,000만 원 이하 분리과세의 사업자별 계산 구조 차이

임대소득이 연 2,000만 원 이하인데 분리과세를 신청하기로 한 경우, 임대주택법에 따라 장기주택 등록을 한 것과 미등록한 것의 세금에 차이가 있다. 필요경비, 기본공제, 세액감면이 그 차이인데 등록 임대주택이 세금 면에서는 더 유리하다.

구 분	등록 임대주택[1]	미등록 임대주택
수입금액	월세 + 간주임대료	월세 + 간주임대료
필요경비	수입금액 x 60%	수입금액 x 50%
소득금액	수입금액 - 필요경비	수입금액 - 필요경비
과세표준	소득금액 - 기본공제(400만 원)[2]	소득금액 - 기본공제(200만 원)[2]
산출세액	과세표준 x 세율(14%)	과세표준 x 세율(14%)
세액감면[3]	단기(4년) 30%, 장기[4](8·10년) 75%	-
결정세액	산출세액 - 세액감면	산출세액과 동일

위 표에서 1) 등록임대주택이란 지자체와 세무서에 모두 등록한 주택이어야 하고 임대료의 증가율이 5%를 초과하지 않아야 한다. 2) 기본공제는 소득금액에서 빼고 과세표준을 계산하게 되어 있다. 분리과세 주택임대소득을 제외한 종합소득금액이 2,000만 원 이하인 경우 등록된 임대사업자는 400만 원을 공제하고 미등록 임대주택 사업자는 200만 원만 공제한다. 3) 세액감면은 국민주택규모 주택으

로 조세특례제한법 제96조의 제반요건을 충족하여야만 세액감면을 받을 수 있다.

조세특례제한법 제96조(소형주택 임대사업자에 대한 세액감면)

① 대통령령으로 정하는 내국인이 대통령령으로 정하는 임대주택(이하 이 조에서 "임대주택"이라 한다)을 1호 이상 임대하는 경우에는 2022년 12월 31일 이전에 끝나는 과세연도까지 해당 임대사업에서 발생한 소득에 대해서는 다음 각 호에 따른 세액을 감면한다. 〈개정 2014. 12. 23., 2015. 8. 28., 2015. 12. 15., 2016. 12. 20., 2017. 12. 19., 2018. 1. 16., 2019. 12. 31.〉

1. 임대주택을 1호 임대하는 경우: 소득세 또는 법인세의 100분의 30[임대주택 중 「민간임대주택에 관한 특별법」 제2조제4호에 따른 공공지원민간임대주택 또는 같은 법 제2조제5호에 따른 장기일반민간임대주택(이하 이 조에서 "장기일반민간임대주택등"이라 한다)의 경우에는 100분의 75]에 상당하는 세액

2. 임대주택을 2호 이상 임대하는 경우: 소득세 또는 법인세의 100분의 20(장기일반민간임대주택등의 경우에는 100분의 50)에 상당하는 세액

② 제1항에 따라 소득세 또는 법인세를 감면받은 내국인이 대통령령으로

정하는 바에 따라 1호 이상의 임대주택을 4년(장기일반민간임대주택등의 경우에는 10년) 이상 임대하지 아니하는 경우 그 사유가 발생한 날이 속하는 과세연도의 과세표준신고를 할 때 감면받은 세액을 소득세 또는 법인세로 납부하여야 한다. 다만, 「민간임대주택에 관한 특별법」 제6조제1항제11호에 해당하여 등록이 말소되는 경우 등 대통령령으로 정하는 경우에는 그러하지 아니하다. 〈개정 2014. 12. 23., 2015. 12. 15., 2017. 12. 19., 2018. 1. 16., 2020. 12. 29.〉

③ 제1항에 따라 감면받은 소득세액 또는 법인세액을 제2항에 따라 납부하는 경우에는 제63조제3항의 이자 상당 가산액에 관한 규정을 준용한다. 다만, 대통령령으로 정하는 부득이한 사유가 있는 경우에는 그러하지 아니하다. 〈개정 2020. 12. 29.〉

④ 제1항에 따라 소득세 또는 법인세를 감면받으려는 자는 대통령령으로 정하는 바에 따라 세액의 감면을 신청하여야 한다.

⑤ 제1항부터 제4항까지의 규정을 적용할 때 임대주택의 수, 세액감면의 신청, 감면받은 소득세액 또는 법인세액을 납부하는 경우의 이자상당액 계산방법 등 그 밖에 필요한 사항은 대통령령으로 정한다. 〈개정 2014. 12. 23.〉

4) 2020년 8월 18일에 민간임대주택에 관한 특별법 개정으로 단기임대 및 8년 장기임대제도는 폐지되었다. 따라서 현재는 10년 장기임대를 선택하여야 한다.

< 「민간임대주택에 관한 특별법」에 따른 유형별 임대주택 >

주택 구분		유형별 폐지·유지 여부	
		매입임대	건설임대
단기임대	단기민간임대주택(4년)	폐 지	폐 지
장기임대	장기일반민간임대주택(8년)	유 지(아파트는 폐지)	유 지
	공공지원민간임대주택(8년)	유 지	유 지

주택임대소득 2,000만 원 이하일 때 세금

임대소득이 2,000만 원 이하인 사업자는 어떻게 세금을 낼까? 보증금이 없고 월세만 있는 다음의 경우를 가정하여 보자.

월세임대수입만 있으며 주택임대소득 외의 다른 종합소득금액은 없는 경우

· 본인, 배우자, 자녀 2명으로 모두 150만 원 인적공제 대상이다.

(인적공제 600만 원=150만 원×4명)

임대주택(업종코드)	임대기간	수입금액(원)
D주택(701102)	'20.1.1. ~ '20.12.31.	12,000,000
E주택(701102)	'20.1.1. ~ '20.12.31.	6,000,000
	합 계	18,000,000

현재 임대소득은 2개의 주택에 대하여 총 1,800만 원으로 2,000만 원 미만이므로 분리과세가 가능하다.

종합과세			분리과세		
수입금액		18,000,000	수입금액		18,000,000
필요경비	-	7,668,000[1]	필요경비	-	9,000,000[2]
소득금액	=	10,332,000	기본공제	-	2,000,000[3]
소득공제	-	6,000,000			
과세표준	=	4,332,000	과세표준	=	7,000,000
세율	x	6%	세율	x	14%
산출세액	=	259,920	산출세액	=	980,000
감면공제	-	70,000[4]	감면세액	-	0
결정세액	=	189,920	결정세액	=	980,000
기납부세액	-	0	기납부세액	-	0
납부할 세액	**=**	**189,920**	**납부할 세액**	**=**	**980,000**

위 계산과 같이 종합과세하는 경우에는 6% 세율이 적용되고 감면공제도 표준 세액공제 7만 원을 받게 되어 총 납부할 세액은 약 18만 9,000원 정도이다. 그러나 분리과세하는 경우에는 14%의 세율을 부담하여 더 높은 약 98만 원의 세금을 낼 수 있으므로 임대수입만 있고 다른 소득이 없는 경우에는 더 낮은 세율을 부담하는 종합과세를 선택하는 것이 유리하다.

상가임대소득 명의에 따라
절세가 가능하다

상가임대업의 세금 구조

상가를 임대하여 얻는 소득은 사업소득으로 분류된다. 다만 주택임대소득과 상
가임대소득의 차이점은 주택임대소득이 소액인 경우 분리과세되어 종합소득을 구
성하지 않을 수 있지만 상가임대소득은 사업소득으로 합산되어 분리과세 없이 종
합소득을 구성한다는 점이다. 또 상가는 보유 시에 종합부동산세가 주택보다는 합
산되는 범위가 적어 종합부동산세 면에서는 주택보다 유리하지만 주택의 경우에
는 등록 임대사업자가 아니면 다주택자가 되어 종합부동산세나 양도소득세에서
불리하다. 종합소득에는 근로소득과 금융소득이 합산되기 때문에 근로소득이 많은
사람이 추가적으로 상가 등 임대자산에 투자하게 되면 소득세가 더 많이 나올 수
있다.

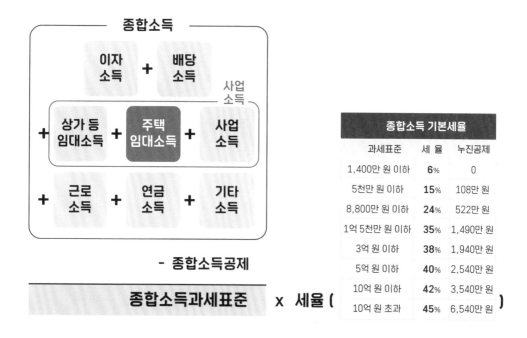

종합소득 기본세율		
과세표준	세율	누진공제
1,400만 원 이하	6%	0
5천만 원 이하	15%	108만 원
8,800만 원 이하	24%	522만 원
1억 5천만 원 이하	35%	1,490만 원
3억 원 이하	38%	1,940만 원
5억 원 이하	40%	2,540만 원
10억 원 이하	42%	3,540만 원
10억 원 초과	45%	6,540만 원

상가임대소득을 절세하는 방법은 세 가지가 있다. 첫 번째는 법인을 통해 종합소득세를 절세하거나 두 번째는 명의를 분산하여 종합소득세를 줄이는 것이다. 세 번째는 부동산을 증여해 종합소득세와 양도소득세를 아끼는 방법이다.

법인 임대업을 이용한 절세 방법

법인으로 부동산을 취득하면 법인세율의 일반적인 세율인 10~20%만 부담하

법인세율(지방소득세 별도)		
과표	2억 원 이하	**10%**
	2억~200억 원	**20%-2천만 원**
	200억~3천억 원	**22%-4억 2천만 원**
	3천억 원 초과	**25%-94억 2천만 원**
	주택.별장.조합원입주권.분양권	**20% 추가 과세**
	비사업용토지	**10% 추가 과세**

게 되므로 법인으로 상가에 투자하는 것도 절세에 유리할 수 있다. 그러나 공동 명의나 법인 명의로 사업을 하는 것은 공동 명의자의 소득 상황, 법인의 경우에는 취득세 등의 중과세 여부 등을 종합적으로 고려하여 판단하여야 한다.

공동 명의를 이용한 부동산임대소득 절세 방법

종합소득이 적은 사람, 예를 들어 소득이 적은 자녀 또는 배우자와 공동 명의로 임대하게 되면 종합소득세를 줄일 수 있다. 부동산을 단독 명의로 하는 경우와 공동 명의로 하는 경우의 임대소득은 단순히 비교해봐도 다음과 같이 달라진다. 단독 명의일 때 부동산임대소득이 1억 원이라고 가정하면 세율은 35%에 달하지만 공동 명의로 소득을 분산한다면 5,000만 원이 되어 24%의 세율만 부담할 수 있다.

그러나 무조건 공동 명의가 유리한 것은 아니다. 공동 명의가 유리하기 위해서는 몇 가지 고려할 것이 있다. 첫째로 공동 명의로 부동산을 취득하기 위해서는 취득자가 증여세를 내야 하는데 부동산은 고액의 자산이므로 증여세의 부담도 클 수 있다. 둘째 부동산에 채무가 많다면, 임대소득의 대부분을 이자비용, 재산세와 상쇄시킬 수 있다. 그래서 종합소득에 합해지는 소득이 높지 않을 수도 있다. 이 경우에는 단독 명의도 종합소득세 부담이 크지 않으니 생각해볼 여지가 있다.

종합소득 기본세율		
과세표준	세 율	누진공제
1,400만 원 이하	6%	0
5천만 원 이하	15%	108만 원
8,800만 원 이하	24%	522만 원
1억 5천만 원 이하	35%	1,490만 원
3억 원 이하	38%	1,940만 원
5억 원 이하	40%	2,540만 원
5억 원 초과	42%	3,540만 원
10억 원 초과	45%	6,540만 원

임대소득 1억 원

공동명의 : 임대소득 각 5천만 원

단독명의 : 임대소득 1억 원

증여로 임대소득세와 향후 양도소득세를 절세하는 방법

당초에 가지고 있는 상가 등 부동산은 일정 시점에서 증여하는 것이 유리할 수 있다. 배우자의 경우 증여 공제 6억 원이 있으므로 증여를 하면 증여세 부담도 없고 향후 처분 시 양도소득세 부담도 줄어든다. 중간에 증여를 하지 않은 경우 취득가액은 3억 원이지만 중간에 증여를 한 경우 취득가액은 6억 5,000만 원(취득 시 1억 5,000만 원+증여 시 5억 원)이 된다. 따라서 3억 5,000만 원에 상당하는 양도소득세를 절세할 수 있다.

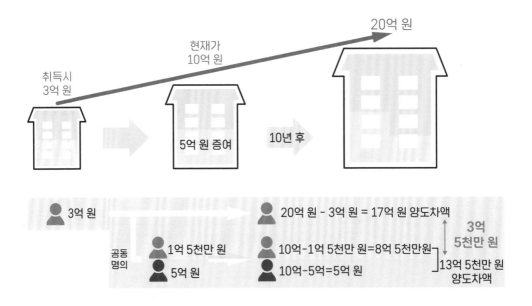

연세가 있는 부모님에게 증여하는 경우에는 향후 상속 시에 상속세도 절세할 수 있다. 다만, 자녀에게 증여하는 경우 상속 전 10년 이내에 증여한 재산은 합산되므로 증여는 미리 계획하는 것이 유리하다.

6월 2일에 부동산을 구매하면
그해 보유세금이 0원

재산세와 종합부동산세는 해당되는 부동산을 보유만 하고 있어도 나오는 세금이다. 따라서 소득이 나오지 않는 부동산에 재산세와 종합부동산세가 적용되어 나온다면 부담이 매우 크다. 재산세와 종합부동산세는 매년 6월 1일 현재 부동산을 가지고 있는 자가 부담하기 때문에 부동산을 취득하려면 6월 1일 이후에 취득하는 것이 유리하고 부동산을 처분할 때에는 5월 말 전에 처분하는 것이 유리하다.

재산세의 구조 알기

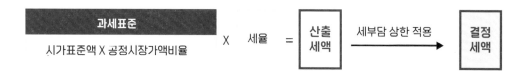

과세표준						
시가표준액 X 공정시장가액비율	X	세율	=	산출 세액	세부담 상한 적용 →	결정 세액

재산세는 정부에서 매년 정한 시가표준액에 대해서 과세한다. 그리고 그 시가
표준액에 바로 과세하는 것이 아니라 공정시장가액 비율을 곱하여 계산한다. 공정
시장가액 비율은 다음과 같다. 토지의 경우는 공시지가에 70%를 곱하여 계산하고
건축물은 70%를 곱하여 계산한다. 주택의 경우는 60%가 현재 재산세 계산 시 적
용하는 공정시장가액 비율이다.

세율은 부동산의 종류에 따라 분리과세, 별도합산, 종합과세가 다르게 적용되
는데 우선 보유세는 분리과세, 별도합산, 종합과세의 정의를 잘 알아야 한다. 이를
잘 알아야 종합부동산세와 비사업용 토지를 이해할 수 있다.

종합합산

5천만 원 이하	0.2%
5천만 원 초과 1억 원 이하	10만 원 + 5천만 원 초과된 금액의 0.3%
1억 원 초과	25만 원 + 1억 원 초과된 금액의 0.5%

별도합산

2억 원 이하	0.2%
2억 원 초과 10억 원 이하	40만 원 + 2억 원 초과된 금액의 0.3%
10억 원 초과	280만 원 + 10억 원 초과된 금액의 0.4%

분리과세

전.답.과수원.목장용지 및 임야	0.07%
회원제 골프장 고급오락장용 건축물의 토지	4%
그밖의 토지	0.2%

종합합산되는 토지는 별도합산이나 분리과세대상에 해당하지 않는데 비교적 별도합산보다는 세금 부담이 높다. 종합합산되는 토지는 농지로 이용되지 않거나 건물이 없는 나대지에 해당되므로 양도 시에도 비사업용 토지가 되어 양도소득세도 10%를 더 부담할 수 있다.

별도합산 토지는 공장이나 건축물의 부수토지로서, 경제활동에 사용되는 토지에 해당한다. 금액의 구간도 종합합산보다 크고 비교적 세율도 종합합산 토지보다 낮은 편이다. 그리고 분리과세대상이란 공장용지나 전답 등으로 사용하는 토지는 생산성 있는 토지이므로 세금을 적게 부담하도록 하기 위해 분리과세 한다. 그러나 같은 분리과세라도 회원제 골프장이나 고급 오락장의 경우에는 4%라는 비교적 높은 세금을 적용하기 위하여 분리과세 한다.

2023년 바뀌는 종합부동산세를
알아야 세금 폭탄 피한다

*1세대 1주택자 11억 원

유형별 과세대상	공제금액
주택(주택 부속토지 포함)	6억 원*
종합합산토지(나대지.잡종지 등)	5억 원
별도합산토지(상가.사무실 부속토지 등)	80억 원

종합부동산세는 6월 1일 기준으로 금액이 높은 부동산에 부과하는 세금으로, 주택과 토지의 유형에 따라 공제액을 초과하는 부분에 대해서 내는 세금이다. 종합부동산세는 기본 틀이 계속 변화해왔는데 최근 종합부동산세 개정안에 따른 종합부동산세의 변화를 도식화하면 다음과 같다.

종부세 계산방법	주택 종부세 계산구조	2023 개정안
주택 수 공정가액 합산	모든 주택에 공시가액 합산	
- 일정주택가액 제외	주택 수에서 제외 ①	주택 수 제외 추가 ② -일시적 2주택 -상속주택 -지방주택
- 기본공제	6억 원 (1세대 1주택자:11억 원) 2022: 1세대 1주택 14억 원 ③	2023: 기본공제 9억 원 1세대 1주택 12억 원 ④
X 공정시장가액비율	2022 : 100% → 60% ⑤	
= 종 부 세 과 세 표 준		

과세표준	2021		과세표준	2023
	일반	다주택		
3억 원 이하	0.6	1.2	3억 원 이하	0.5
6억 원 이하	0.8	1.6	6억 원 이하	0.7
12억 원 이하	1.2	2.2	12억 원 이하	1.0
25억 원 이하	1.6	3.6	25억 원 이하	1.3
50억 원 이하			50억 원 이하	1.5
94억 원 이하	2.2	5.0	94억 원 이하	2.0
94억 원 초과	3.0	6.0	94억 원 초과	2.7

X 세율 ⑥

종부세 계산방법	주택 종부세 계산구조	2023 개정안
- 공제할 재산 세액	재산세로 부과된 세액 중 종합부동산세 과세표준금액에 부과된 재산세 상당액 (이중과세 제거)	
= 산 출 세 액		
- 세액공제	보유 : 5년(20), 10년(40), 15년(50) 연령 : 60세(20), 65세(30), 70세(40) → 중복적용가능(한도 80%)	
- 세부담 상한액	세부담상한율: 조정대상지역 다주택(300%), 일반(150%)	150%로 단일화
= 납 부 세 액	250만 원 초과 시 분납 가능(6개월)	고령자·장기보유자 종부세납부유예 도입 ⑦

① 종합부동산세는 모든 주택에 대해서 합산되나 임대주택에 대한 예외 규정 및 사원용 주택에 대한 합산 배제 주택의 규정이 있다. 종합부동산세 합산 배제 주택에 대해서는 절을 달리하여 자세히 설명한다.

② 일시적 2주택, 상속주택, 지방 저가 주택에 대해서는 1세대 1주택자 판정 시 주택 수 제외한다. 다만 이는 주택 수에서만 제외될 뿐 과세표준에는 합산하여 과세한다. 따라서 1세대 1주택자로 판단되면 기본공제 면에서 유리해진다. 구체적인 요건은 다음과 같다.

< 1세대 1주택자 판정 시 주택수 제외 요건 >

구 분	적용 요건
일시적 2주택	▶ 이사 등으로 신규주택 취득 후 2년 내 종전주택 양도하는 경우
상속주택	▶ (저가주택 또는 소액지분) 기간 제한 없이 주택 수 제외 - 가액요건 : 공시가격 수도권 6억 원, 非수도권 3억 원 이하 - 지분요건 : 40% 이하 ▶ (기타) 5년간 주택 수 제외
지방 저가 주택	▶ ①1세대 2주택자 & ②공시가격 3억 원 이하 & ③ 소재지 요건* * 수도권·특별자치시(읍·면지역 제외), 광역시(군지역 제외) 외의 지역

① 일시적 2주택: 1세대 1주택자가 종전 주택 양도 전 다른 주택을 대체 취득한 경우이다. 이때 대체 취득은 신규주택 취득 후 2년 내 종전 주택 양도하는 경우로 한정한다.

② 상속주택: 1세대 1주택자가 상속을 이유로 취득한 주택을 함께 보유하는 경우 이다. 이 상속주택은 상속개시일부터 5년이 경과하지 않은 주택을 말한다. 다만 이 경우에도 다음의 두 가지는 기간의 제한이 없다.

① 저가 주택(공시가격 수도권 6억 원, 비수도권 3억 원 이하)
② 소액지분(상속주택 지분 40% 이하)인 경우 기간제한 없음

③ 지방 저가 주택: 1세대 1주택자가 지방 저가 주택을 함께 보유하는 경우 다음의 두 가지 요건을 모두 충족하는 경우에는 주택 수에서 제외한다.

① 공시가격 3억 원 이하
② 수도권 및 광역시 · 특별자치시(광역시에 소속된 군, 읍 · 면 지역 제외)
　가 아닌 지역 소재 주택

1세대 1주택자 판정 시 주택 수에서 제외되는 것의 의미는 두 가지가 있다. 주택 수에서 1주택으로 인정된다는 것이고, 과세표준에는 해당 주택 공시가격을 합산하여 과세한다는 것이다. 종합부동산세법상 1세대 1주택자는 다주택자에 비하여 두 가지 혜택이 있다.

먼저 기본공제이다. 기본공제는 2022년에는 11억 원이 기본공제로 적용되고

2023년 이후 12억 원이 적용된다. 두 번째는 고령자·장기보유 세액공제를 받을 수 있다는 것이다. 다만 적용은 위의 일시적 2주택, 상속주택, 지방 저가 주택 외 본래 1주택에 해당하는 세액에 대해 적용한다. 이는 무조건 종합부동산세를 국가에서 해주는 것이 아니라 9월 16일~9월 30일까지 관할세무서장에게 신청하여야 한다. 신고한 내용과 달라서 요건을 충족하지 못하게 되면 주택 수에 합산하고 경감 세액 및 이자상당가산액 추징한다. 추징하는 금액은 다음과 같이 계산한다.

③ 기본공제는 1세대 1주택자에 대해 조세특례제한법으로 종합부동산세 특별 공제를 도입하였다. 2022년 한시적으로 1세대 1주택자에 대해 종합부동산세 기본 공제금액 11억 원에 더하여 3억 원 특별공제를 적용하는데 이는 과세기준 금액이 11억 원에서 14억 원으로 상향되는 효과를 가져온다. 이 특별공제의 취지는 주택 가격의 상승으로 은퇴한 1주택자의 종합부동산세 부담률을 낮추기 위해 고려된 것 이다. 참고로 종합부동산세 기본공제의 연혁은 다음과 같다.

구분	'06~'08년	'09~'20년	'21년	'22년
일반	6억 원			
1세대 1주택자	6억 원	9억 원	11억 원	14억 원*
법인	6억 원		기본공제 없음	

④ 2023년 이후부터는 종합부동산세법의 개정으로 주택분 종합부동산세 기본공제금액을 9억 원(1주택자 12억 원)으로 상향한다.

일반 공동 명의나 다주택의 경우 현행 6억 원에서 2023년부터 9억 원으로 기본공제가 늘어나게 된다. 법률 취지는 2006년 이후 기본공제금액 조정이 없었던 점과 2018~2022년 동안 주택가격의 상승으로 공동주택 공시가격 상승률(63.4%)이 많이 오른 것을 고려하자는 것이다. 이는 종합부동산세 부담인원이 늘어남에 따른 기본공제 금액의 현실화를 반영한 것이다.

또 2023년부터 1세대 1주택자의 경우 11억 원에서 12억 원으로 적용한다. 아파트 등 공동주택 공시가격 상승률이 크고(2022년 17.2%), 양도소득세와의 고가 주택 기준 12억 원을 통일시키는 취지이다. 한편 법인으로 주택을 취득하는 경우에는 기본공제를 인정하지 않는다. 법인으로 주택 투자를 막자는 취지이다.

⑤ 2022년 종합부동산세 부담 완화를 위해 공정시장가액비율을 100%에서 60%로 인하하였다. 대통령령으로 정하는 '공정시장가액비율'이란 100분의 100을 말하되, 2019년부터 2021년까지 납세의무가 성립하는 종합부동산세에 대해서는

다음 각 호의 연도별 비율을 말한다. 참고로 시행령에 의한 연도별 적용 비율은 다음과 같다.

연 도	2019	2020	2021	2022
적용비율	100분의 85	100분의 90	100분의 95	100분의 65

종합부동산세 과표를 구하는 데 있어서 기본공제금액과 공정시장가액 적용비율은 큰 의미가 있다. 2022년도 조정을 통해 종합부동산세 부담이 크게 줄어들었다.

$$\text{종합부동산세 과세표준} = \left(\text{납세의무자별 주택공시가격 합산액} - \text{기본공제금액} \right) \times \text{공정시장가액비율}$$

⑥ 세율의 완화

종합부동산세의 세율은 2019년 이후 주택 수에 따른 차등 과세였다. 이에 따라 지방의 다주택 수보다 서울 및 수도권의 고가 주택이 더 불리한 것을 감안하여 주택 수의 차등 과세에서 이를 개정하여 가액기준으로 적용하였다. 종합부동산세의 세율 연혁을 살펴보면 다음과 같다.

과세표준	'18년	'19~'20년		'21~'22년		2023년
		일반	다주택	일반	다주택	
3억 원 이하	1.2	0.5	0.6	0.6	1.2	0.5
6억 원 이하		0.7	0.9	0.8	1.6	0.7
12억 원 이하	0.75	1.0	1.3	1.2	2.2	1.0
25억 원 이하	1.0	1.4	1.8	1.6	3.6	1.3
50억 원 이하						1.5
94억 원 이하	1.5	2.0	2.5	2.2	5.0	2.0
94억 원 초과	2.0	2.7	3.2	3.0	6.0	2.7

이 경우에도 법인의 주택분 종합부동산세는 기존 3%[6]에서 2.7%로 최고세율이 적용된다.

⑦ 고령자 장기보유자 종합부동산세 납부유예 도입

현금 유동성이 부족한 고령이거나 장기 보유자에 대해 해당 주택의 종합부동산세를 늦춰 주는 제도이다. 이는 상속·증여·양도 시점까지 종합부동산세 납부유예가 가능하다.

요건은 다음의 네 가지를 모두 갖추어야 한다.

① 60세 이싱 또는 5년 이싱 보유

② 1세대 1주택자

③ 총급여 7천만 원 이하(종합소득금액 6천만 원 이하)

④ 종합부동산세 100만 원 초과

이는 납세담보를 제공하는 경우에 인정된다. 납세담보를 제공하면 상속·증여·양도 시점까지 주택분 종합부동산세 납부유예가 이루어진다. 또 납부기한 이후 납부유예 종료 시점까지 이자 상당액이 부과된다. 만약 급여 등의 상승으로 요건 미충족 사유가 발생한 경우 납부유예를 취소하고 세액 및 이자 상당액을 추징한다. 납부유예를 받기 위한 절차는 납세자가 종합부동산세 납부기한 종료일^(12월 15일) 3일 전까지 납부유예 신청하면 관할세무서장의 승인으로 가능하다.

집값보다 무서운
종부세 폭탄 피하는 법

1주택과 다주택의 종합부동산세 비교

종합부동산세법상의 1주택자는 양도소득세법상의 1주택자와 다르다. 부동산 가격의 상승으로 최근의 세법이 다주택자에 대한 세금 부담을 증가시키는 방향으로 갔으나 금리인상 등 부동산 가격의 안정화로 2022년의 종합부동산세의 세법 개정 이후로는 다주택자에 대한 과도한 과세를 완화하는 기조로 세법이 바뀌고 있다.

종합부동산세의 1세대 1주택자

"대통령령으로 정하는 1세대 1주택자"란 세대원 중 1명만이 주택분 재산세 과세대상인 1주택만을 소유한 경우로서 그 주택을 소유한 「소득세법」 제1

조의2제1항제1호에 따른 거주자를 말한다. 여기서 일반적으로 알고 있는 공동 명의 1주택은 종합부동산세법에서는 1주택자가 아니다. 종합부동산세법은 2008 세대별 합산과세의 위헌 판결로 개인별 과세제도를 택하고 있어 공동 명의 주택은 각 1주택으로 보아 1세대 1주택자로 보지 않는 것이다.

먼저 종합부동산세법상 1주택자는 다주택자에 비하여 세금의 우대가 있지만 다주택자는 1주택자보다 세금 부담이 크다. 1주택자의 세금 우대 제도와 다주택자의 불리한 부분에 대해 비교하면 다음과 같다.

① 기본공제 유리 (14억 원 〉 9억 원)

② 장기보유공제 유리 (최대 80% 〉 없음)

③ 세율적용 차이 없음

① 1주택자는 기본공제가 유리하다.

먼저 기본공제 면에서 종합부동산세법상 1주택자는 다주택자에 비해 유리하다. 1주택자는 종합부동산세 계산 시에 기본공제 11억 원에 조특법상 특별공제 3억 원을 더한 14억 원(2023년 이후 12억 원)까지 공제가 되지만, 다주택자는 6억 원(2023년 이후 9억 원)이 초과되는 금액에 대해서 모두 합산하여 과세된다. 원칙적으로 1주택자이면서 공동 명의자는 1주택 공제를 받지 못한다. 지분만큼 각자가 기본공제를 받을 수 있어 2023년 이후에는 9억 원+9억 원인 18억 원까지 기본공제를 받을 수 있다. 그리고 종합부동산세법상 1주택처럼 선택하여 신고할 수도 있다.

② 1주택자는 보유기간 고령자 공제를 80%까지 받을 수 있다.

종합부동산세법상 1주택자는 장기보유공제는 각 보유 기간별로 다음의 공제율만큼 세금을 덜 내게 된다. 소득공제가 아닌 세액공제이므로 세금의 절세 효과가 매우 크다. 5년(20%), 10년(40%), 15년(50%)이므로 15년 이상 장기로 보유할수록 종합부동산세가 줄어든다. 그리고 연령에 대해서도 다음의 금액을 세금에서 직접 공제한다. 60세(20%), 65세(30%), 70세(40%)이다. 보유공제와 연령공제를 합하여 중복 적용이 가능하며 한도는 최대 80%까지 공제가 가능하다.

다주택자는 이에 대한 연령별 세액공제를 받지 못한다. 따라서 종합부동산세의 절세의 기본원리는 단독 명의 1세대 1주택으로 가는 것이다. 공동 명의 1세대 1주택도 종합부동산세법에서 1세대 1주택으로 신고할 수 있도록 허용하고 있으므로, 단독 명의이든 공동 명의이든 1세대 1주택으로 가는 것이 절세에 유리하다.

고가 주택 1주택의 절세 방법

결론적으로 주택을 보유한다면 단독 명의 1주택이어야 종합부동산세액이 줄어든다. 그러나 공시가 12억 원이 넘는 고가 주택의 경우에는 2023년부터 종합부동산세를 부담하게 되는데 이런 경우 공동 명의 1주택으로 간다면 1인당 9억 원씩 부부간에는 총 18억 원까지는 종합부동산세의 부담이 없게 된다. 따라서 배우자나 자녀의 명의대로 공시가 9억 원 상당액을 증여하여 가족 전체의 종합부동산세를 줄일 수 있다.

다주택이지만 저가 주택이 포함된 경우의 절세 방법

고가 주택을 다주택으로 가져간다면, 종합부동산세 부담은 피하기 어렵다. 그러나 서울이나 수도권 광역시 등 아파트 가격이 10억 원이고 공시가액이 9억 원 이하로 나오는 경우를 가정한다면, 부부가 각각 10억 원짜리 아파트를 한 채씩 보유하여도 종합부동산세의 부담은 없게 된다. 기본공제가 9억 원 미만이기 때문이다.

특히 지방의 주택을 한 채 더 보유하는 것도 세금 부담이 적을 수 있다. 2023년 시행 세법 개정으로 1세대 1주택자가 지방의 공시가격 3억 원 이하의 주택을 구입하는 것은 1세대 1주택에서도 주택 수에 제외되어 본인 1세대 1주택이 서울 수도권에 있는 것에 대해 보유 및 고령자 세액공제도 받을 수 있으므로 종합부동산세의 부담도 덜 수 있다.

그러나 공시가 3억 원 이하 지방주택의 경우 종합부동산세법에서는 제외되지만, 양도소득세법에 따르면 주택 수에 포함되므로, 서울 수도권 소재의 1주택을 팔 때 비과세 적용을 받지 못할 수 있으니 유의하여야 한다.

다주택자의 종부세 절세 전략

    주택가격이 상승하는 시기에는 다주택자의 종합부동산세 규제가 강화되는 경향을 보이고 주택가격이 하락하는 시기에는 종합부동산세의 규제가 완화되는 경향을 보인다. 예를 들어 2021년은 주택가격의 상승으로 다주택자에 대한 전반적인 종합부동산세의 규제가 커졌었다. 다주택자는 기본공제금액도 적으며 조정대상지역 내의 2주택 이상자는 높은 세율을 부담하게 되었었으며 물론 장기보유공제나 연령별 공제도 적용되지 않아 세금 부담이 과도하게 높아졌었다. 그러나 2022년 세계적인 금리 인상의 시작으로 주택가격 상승이 완화되고 이에 따른 종합부동산세의 높은 부담을 완화하기 위해 몇 가지 개정내용을 통하여 다주택자의 세금 부담이 줄어들 것으로 기대된다.

고가 주택 다주택자의 절세 방법

저가 주택 다주택자는 종합부동산세의 부담이 크지 않아 부담이 커지기 전에 처분해야 할지 아니면 높아진 종합부동산세를 버티면서 추가적인 집값 상승을 기대해 보아야 하는 것인지에 고민이 많다.

2022년 초까지 주택가격은 역대 최고의 상승률을 기록해왔다. 2022년에도 주택에 대한 대규모 공급이 기대되지 않는다면 집값은 추가 상승의 요인이 있고, 반면에 국내와 미국의 금리 인상으로 주택 수요가 줄어든다면 주택가격은 하락의 요인이 있다. 주택가격의 상승이 제한적이라면 보유세를 부담하면서 다주택을 유지할 요인은 없다. 그러나 다주택자가 종합부동산세 부담을 피하기 위해 주택을 처분하려 해도 높아진 다주택자의 양도소득 세율이 부담이 될 수도 있다.

필자는 매년 200여 건 이상의 다주택자들을 상담하였고 최근 고가 다주택의 투자 방향에 대한 자산가들의 결정을 살펴보면 다음과 같은 특징을 발견했다. 고가 주택 다주택자는 두 가지 방법을 많이 선택한다.

첫째는 보유하는 방법이다. 종합부동산세가 정권에 따라 바뀌기는 하지만 주택가격이 하락하는 상황에서 높은 세율을 고수하는 정책은 지지를 받기 어렵기 때문에 경제상황을 보면서, 팔기보다는 보유를 하는 방법을 선택한다. 경기 침체기에 주택가격이 일시적으로 좀 떨어지겠지만 장기적으로 보면 상승할 것이라 생각하므로 부동산은 좀처럼 팔지 않는 경향이 있다. 특히 2023년 세제 개편은 다주택자들에게 팔기보다는 감당할 수 있는 종합부동산세를 마련했다는 점이 다주택자 일시적 양도소득세 완화로 공급효과를 나타내려는 정책효과를 일부 상쇄한 부분이 있다.

둘째는 증여하는 방법이다. 주택은 부동산 중 가장 인기 있는 투자 대상이기도 하므로 특히 강남, 서초, 용산 등의 부동산은 팔지 않는 경향이 있다. 고가 주택인 부동산을 다수 보유하고 있다면 종합부동산세가 완화되어도 부담이 클 수 있기 때문에 이런 경우에는 자녀 등에게 증여하는 경우가 많다. 자녀가 증여세를 낼 수 있는 연령대라면 증여가 더욱 유리한데, 자녀가 소득이 있으면 고가 주택의 증여라도 일부는 소득증빙을 할 수 있고 5년 내 연부연납 규정을 활용하여 증여세를 나누어 낼 수 있기 때문이다. 자녀가 결혼하여 손주까지 있다면 손자녀의 명의까지 일부 증여하여 절세할 수 있다. 이는 세법 규정을 잘 이용하는 것으로 절세이지 법을 어기는 탈세가 아니다.

사업용이냐 비사업용이냐
그것이 문제로다

토지는 장기적으로 보고 투자하는 것이 일반적이다. 토지는 사는 것보다 파는 것이 더 어렵기도 하고 지역과 사용 용도에 따라 가치가 오르는 시기도 10년 이상으로 오래 걸리기도 하기 때문이다. 토지 투자는 기본적으로 입지와 토지 지목의 문제이므로 부동산 투자의 가장 기본이기도 하지만 그만큼 어렵기도 하다. 하지만 토지에 대한 세금을 아는 것은 투자 수익률에 영향을 미치므로 중요하다.

임대수익이 안 나오는 토지의 경우에는 이자 부담이 크므로 반드시 여유를 가지고 장기적으로 보아야 한다. 여유 자금 없이 토지를 대출하여 구입하게 되면 오랜 시간 버티기가 힘들다. 그럼에도 본인이 토지를 활용하여 사업을 할 수 있으면 토지 투자도 바람직하다. 바로 사업용 토지로 만들 수 있기 때문이다. 하지만 수익이 나오지 않는 토지를 무리하게 대출로 구입하여 가용현금이 줄어드는 경우는 토지 투자에서는 주의해야 할 부분이다.

나중에 이자비용이 비용공제가 되지도 않을뿐더러 사용하지 않은 토지의 경우 비사업용 토지가 되어 재산세도 더 많이 나오고, 양도 시에 양도소득세도 10%를 더 낼 수 있기 때문이다. 따라서 비사업용 토지를 피해야 토지 투자의 수익을 올릴 수 있다.

비사업용 토지는 무엇인가

토지는 정해진 용도대로 사용해야 한다. 예를 들어 농지에는 농사를 지어야 하고 공장용지에는 공장이 있어야 하며 대지에는 건물을 지어야 하고 임야라면 인근에 거주하여야 한다. 토지를 정해진 용도대로 사용하지 않으면 비사업용 토지라 한다. 비사업용 토지는 해당 토지를 소유하는 기간 중 법령으로 정하는 일정한 기간 동안 토지 본래의 용도에 사용하지 않는 토지를 말한다.

사업용 토지의 경우에는 일정 기간 토지의 용도대로 사용되면 사업용 토지로 구분된다.

토 지

사업용	일정기간 토지의 **용도**대로 사용 ① 토지 소유기간 중 3년 이상의 기간 ② 양도일 직전 3년 중 2년 이상의 기간 ③ 토지 소유기간의 60% 이상의 기간
비사업용	토지의 **용도**대로 **미사용** - 위의 세 가지 중 하나라도 인정되지 않는 경우

구 분	요 건	예외(요건 배제)
농 지	• 농지소재지 거주 • 직접 경작	• 주말 · 체험 영농농지 등(소령 §168의8③)
임 야	• 임야소재지에 거주	• 공익 · 산림보호 육성 임야(소령 §168의9①) • 거주 · 사업과 관련 있는 임야(소령 §168의9③)
목장 용지	• 축산업 영위	• 상속받은 목장 용지 등 거주 또는 사업과 관련이 있는 목장용지(소령 §168의10②)
주택에 딸린 토지	• 주거용 건물에 딸린 토지	-
별장에 딸린 토지	• 상시 주거용 건물에 딸린 토지	• 읍 또는 면에 소재하는 농어촌주택에 딸린 토지 (소법 §104의3①5호)

그밖의
토지
	• 재산세 비과세.면제.분리과세.
	  별도 합산대상
		• 거주 또는 사업과 직접 관련 있는 토지
		  (소령 §168의11①)

위 기간은 각 지목별로 기본적인 기간 기준에 해당하며 지목별로 별도의 사용 용도의 기준이 있다. 지목별로는 다음과 같이 판단한다.

지목별로 해당사용 용도대로 기간 이상 사용했으면 토지는 사업용이 된다. 예를 들어 5년 보유한 농지의 경우는 사업용으로 인정받기 위해서 최소 처분 전 2년 이상 농지소재지에 직접 거주하면서 직접 경작(자경)해야 한다.

농지 임야의 거주 요건

거주라는 것은 주민등록만 이전해놓은 것은 인정되지 않으며 실제 거주 여부로 판단한다. 해당 기간 실제 거주를 해야 한다. 거주 요건을 설정한 취지는 거주지와 임야지가 너무 먼 지역이라면 농사를 지을 수 없다는 것 그리고 해당 지역 사람이 농지를 소유하도록 함에 있다.

① 농지가 소재하는 시군구
② 제1호의 지역과 연접한 시군구 안의 지역
③ 해당 농지로부터 직선거리 30km^(2015년 2월 3일 이전 20km) 이내의 지역

이 세 가지 요건에 맞는 곳에 실제 거주하여야 거주 요건에 만족한다. 임야의 경우에는 판정 기간 거주만 하면 인정된다. 마찬가지로 대지의 경우에는 해당 토지에 건물이 기간 기준만큼 존재하면 사업용으로 상용한 기간으로 인정된다.

농지의 자경 요건

자경이라는 것은 스스로 농사를 짓는 것을 의미한다. 토지 소유자 본인이 농사

를 지어야 하므로 대리 경작이나 배우자가 농사를 짓는 것은 인정되지 않는다. 소유자가 도와준 것도 본인의 노동력의 50% 이상을 사용해야 하므로 그렇지 않으면 인정되지 않는다. 또 농사를 지으려면 원칙적으로 다른 소득이 없어야 하는데 다른 소득이 있다고 하더라도 근로소득이나 사업소득이 연간 3,700만 원 이상이 있는 경우에는 자경 기간에서 무조건 제외한다.

　　실무적으로는 자경의 요건은 사실 판단의 문제이기 때문에 농사를 지은 것에 대한 사실의 문제를 위한 많은 서류가 준비되어야 한다. 예를 들면 다음과 같다.

· 농지 취득 자격 증명

· 농협 조합원 가입 증명서

· 농협의 비료 및 씨앗 농기구 등 구매 확인서

· 직불금 수령 시 수령 통장 등 내역

· 추곡수매에 대한 실질 대금 입금 통장 등 확인 내역

· 마을 면장 이장 등의 자경 사실 확인 증명원 등

· 실제 농사를 지었음을 확인할 수 있는 사진 등 일체의 서류

비사업용 토지의 재산세와 종합부동산세 불이익

비사업용 토지는 재산세 고지서의 납부 현황만으로도 현재 비사업용인지 사업용인지 알 수 있다. 재산세에서 별도 합산되거나 분리과세되는 토지는 사업용으로 분류되는 것이 일반적이다.

재산세에서 비사업용으로 분류되는 토지는 종합 합산되는 토지가 많다. 물론 양도소득세의 판단과 재산세의 판단 기준은 다르므로 별도 합산된다고 해서 모두 양도소득세의 사업용 기준을 충족하는 것은 아니다. 재산세보다 양도소득세의 판단 기준이 더 엄격한 편이다. 지방세법상 종합 합산되는 토지는 종합부동산세가 공시지가 5억 원 이상에 대해 과세되지만, 별도 합산되는 토지는 80억 원이 초과되는 토지에 대해서 과세된다.

아무것도 모르고 법인으로
부동산 사면 손해 본다

수년 전에 《1인 법인으로 부동산 취득하기》라는 다주택 양도소득세와 종합부동산세를 피하여 갈 수 있다는 책이 유행하기도 하였다. 법인 부동산, 특히 법인 주택(아파트) 투자는 문제점이 많아 법인의 주택 투자에 대하여 규제를 가하는 방향으로 법률이 강화되었다. 지금은 법인으로 주택을 취득하도록 안내하는 세금 전문가는 거의 없을 정도이다.

법인으로 주택을 취득하면 개인으로 취득하는 것에 비해 불이익이 매우 크다. 상가나 토지 등도 수도권에 집중하는 법인 부동산은 취득세 중과의 불이익이 있으므로 주의하여야 한다. 특히 주택의 경우에는 취득 시 중과세, 보유 시 종합부동산세 중과 그리고 처분 시에도 일반법인세에 더하여 추가 과세 등의 규정을 두어 법인의 주택 취득을 제한하고 있다.

법인으로 주택 취득 시 취득세 중과

법인으로 주택을 취득하면 개인의 조정대상지역에서의 3주택을 취득하는 것과 같은 것으로 간주하여 취득세를 12%로 중과한다. 주택이 많은 개인이 법인으로 취득을 하는 것을 방지하자는 취지이다.

구분	1주택	2주택	3주택	법인.4주택~
조정대상지역	1~3%	8%	12%	12%
비조정대상지역	1~3%	1~3%	8%	12%

위 표와 같이 조정대상지역이나 비조정대상지역에서 법인이 취득하는 주택은 무조건 12%의 취득세를 부담한다. 법인은 주택을 보유하는 경우에도 주택 부분에 대해서 종합부동산세를 중과한다. 종합부동산세의 중과는 개인이 주택을 가지고 있는 것보다 더 엄격하다.

첫째로 개인은 기본공제를 개인별로 6억(2023년 이후 9억) 원을 받을 수 있지만 법인은 종합부동산세 기본공제를 받지 못한다. 바로 주택가격에 세율이 곱해지는 구조이다.

둘째로 개인은 단계적으로 주택가격에 대해 누진적으로 높아지는 세율을 부담하지만, 법인의 종합부동산 세율은 주택보유자의 최고 세율인 2.7%를 부담하게 된다. 주택가격 상승이 없다고 가정한다면 산술적으로 100%/2.7%=약 37년 3개월이면 종합부동산세 부담으로 주택 구입 가격이 없어지게 된다. 법인은 주택을 구매하면 보유세 부담만으로 손해를 볼 수 있다.

셋째로 법인은 1주택이라고 하더라도 1주택자들이 받는 고령자공제 및 장기보유공제에 대한 세액공제를 받지 못한다. 또한 세부담 상한도 적용되지 않는다. 법인으로 주택을 보유하면 종합부동산세 세금 부담이 너무 커지는 이유이다.

마지막으로 법인은 주택 구입으로 인한 법인세 이외에 추가 과세를 부담한다. 현재 법인의 토지 등 양도소득에 의한 법인세는 주택 및 분양권에 대해서는 양도소득의 20%, 비사업용 토지에 대해서는 양도소득의 10%를 추가로 부담하고 있다.

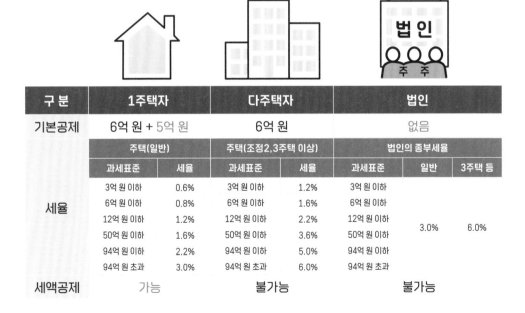

구 분	1주택자		다주택자		법인		
기본공제	6억 원 + 5억 원		6억 원		없음		
	주택(일반)		주택(조정2,3주택 이상)		법인의 종부세율		
	과세표준	세율	과세표준	세율	과세표준	일반	3주택 등
세율	3억 원 이하	0.6%	3억 원 이하	1.2%	3억 원 이하	3.0%	6.0%
	6억 원 이하	0.8%	6억 원 이하	1.6%	6억 원 이하		
	12억 원 이하	1.2%	12억 원 이하	2.2%	12억 원 이하		
	50억 원 이하	1.6%	50억 원 이하	3.6%	50억 원 이하		
	94억 원 이하	2.2%	94억 원 이하	5.0%	94억 원 이하		
	94억 원 초과	3.0%	94억 원 초과	6.0%	94억 원 초과		
세액공제	가능		불가능		불가능		

빌딩 투자, 개인과 법인 중
어느 것이 유리할까?

일반적으로 주택은 법인으로 취득하는 것이 불리하다. 반면 상가나 빌딩 투자는 개인으로 하는 것이 좋을까? 법인으로 하는 것이 좋을까? 개인으로 투자하는 경우 사업이 쉽고 법인으로 투자하는 경우 법인의 설립이 필요하다. 만약 상가나 빌딩을 처분한다면 이후 개인 명의였던 경우 양도소득세를 내게 되고 법인 명의였던 경우 법인세를 내게 된다.

① 부채조달 금액의 크기는 일반적으로 법인이 유리하다.

최근 대출의 억제로 개인이 부동산에 투자하려 할 때 대출금이 많이 나오지 않는 경우가 있다. 일반적으로 개인보다는 법인이 부채조달 면에서 대출이 더 많이 나오니 대출이 더 많이 필요한 경우는 법인으로 투자하는 것이 유리하다.

② 이익이 많은 경우에는 법인이 유리하다.

자기 자본만으로 건물을 구입하는 경우에는 이자 비용이 없으므로 임대소득에 대한 세금 부담이 클 수 있다. 대략 1억 원 이상의 이익이 넘어가는 소득이 있다면, 개인보다는 법인이 유리할 수 있다. 그러나 개인의 경우에도 대출금액이 많아서 이자비용이 임대료 수익과 비슷한 경우에는 보유로 인한 종합소득세의 부담이 없어져 법인과 개인의 차별이 무의미할 수 있다.

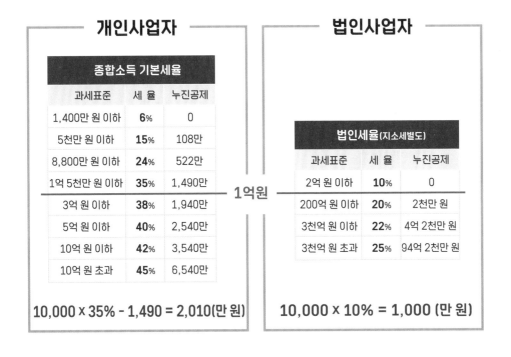

위의 그림과 같이 1억 원이 넘는 소득이라면 개인의 경우 약 2,000만 원의 세금을 부담하게 되지만 법인으로 소득을 구성하게 되면, 법인세 10%에 해당하는

1,000만 원만 부담하면 된다. 또한 법인에 유보된 금액은 개인이 가져가고자 하는 시기에 배당이나 급여 및 퇴직 등으로 출구전략을 찾거나, 법인의 명의로 다른 부동산에 재투자할 수 있다.

③ 증여나 상속 목적 법인으로 절세 방법을 찾을 수 있다.

따라서 법인을 처음 구성할 때 자녀나 배우자가 주주로 들어오게 하여 절세하는 방법을 찾을 수 있다.

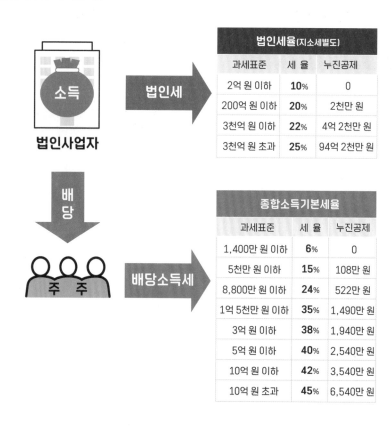

법인세율(지소세별도)

과세표준	세 율	누진공제
2억 원 이하	10%	0
200억 원 이하	20%	2천만 원
3천억 원 이하	22%	4억 2천만 원
3천억 원 초과	25%	94억 2천만 원

종합소득기본세율

과세표준	세 율	누진공제
1,400만 원 이하	6%	0
5천만 원 이하	15%	108만 원
8,800만 원 이하	24%	522만 원
1억 5천만 원 이하	35%	1,490만 원
3억 원 이하	38%	1,940만 원
5억 원 이하	40%	2,540만 원
10억 원 이하	42%	3,540만 원
10억 원 초과	45%	6,540만 원

위의 도표처럼 주주에게는 배당을 줄 수 있다. 부동산 관리 법인에서는 주주에게 배당으로 배분하여 적절한 금액을 배당소득세로 내도록 할 수 있다. 배당소득세의 세율은 종합소득세 기본세율과 같지만, 지분과 배당금액을 조절하여 자녀의 소득을 적절한 세율로 만들어줄 수 있는 방법도 찾을 수 있다.

예를 들어 연 1억 원의 소득이 나오는 부동산 법인이라면 자녀 두 명의 명의로 20%의 지분을 구성하여 연 2,000만 원까지 배당한다면, 배당소득세 15.4%의 비교적 낮은 세율로 자녀의 소득을 구성해 줄 수 있다.

해외부동산을 가지고 있을 때
절세 전략

　해외주식과 해외부동산은 해외투자 내역을 신고해야 한다. 특히 해외주식의 경우 국내 증권사를 통해서 하는 금액은 신고하지 않아도 되지만 해외금융기관에 개설·보유한 해외금융계좌정보는 매월 말 잔액이 5억 원을 넘는 경우에는 매년 6월 말(6월 1일~6월 30일)까지 신고해야 한다. 신고하지 않은 경우 미신고 금액의 20억 원 이하는 10%, 50억 원까지는 15%, 50억 원을 초과하는 금액은 20%의 과태료를 부담한다.

　정산 과정에서 경우에 따라 환급세액이 발생할 수 있는데 국내주식 투자로 한 해 동안 양도차익이 발생하고 해외주식으로 양도차손이 발생하였다면, 둘 간의 손익이 통산되기 때문에 합산 신고 시 기납부한 국내주식의 양도소득세나 해외주식 원천징수 분에서 환급이 발생할 수 있다.

해외부동산 신고의무

해외부동산과 직접 투자 운용자산에 대해서도 매년 보유에 대한 부분을 신고해야 한다. 이 경우 개인은 소득세 신고 기한(5월 31일)까지, 법인은 법인세 신고 기한(3월 31일)까지 신고해야 한다. 신고서류는 해외부동산 및 임대현황 그리고 직접투자분에 대해서 다음과 같다.

제출 자료	제출 요건
해외부동산 취득 및 투자운용(임대) 명세서	해당 과세연도 중 외국에 있는 부동산 취득·투자운용(임대) 시
해외 직접 투자 / ① 해외 현지법인 명세서	「외국환거래법」상 해외직접투자 시
② 해외 현지법인 재무상황표	다음 요건에 해당하는 해외직접투자 시 ⓐ 지분율 10% 이상 & 투자금액 1억 원 이상 ⓑ 직간접 지분율 10% 이상 & 피투자법인과 특수관계에 있는 경우
③ 손실거래명세서	②-ⓑ에 해당하면서 단일 사업연도에 50억 원 이상의 손실거래가 발생하거나 최초 손실발생 후 5년간 누적 손실금액이 100억 원 이상인 경우
④ 해외 영업소 설치 현황표	해당 과세연도 중 해외영업소 설치·운영 시

최근 국세청은 역외 탈세 문제에 대응하기 위해 해외부동산 및 해외 직접투자에 대한 관리를 강화하고 있다. 해외부동산의 경우 현재 제출하는 취득, 임대소득 내역에 더해 처분내역도 신고의무를 부과해 '취득-운용-처분' 단계를 모두 관리한다. 미신고 시 과태료는 단계별로 부과한다.

구 분	내 용
취득시 미신고	취득가액의 **10%**
운용(임대)소득 미신고	운용(임대)소득의 **10%**
처분시 미신고	처분가액의 **10%**
과태료 한도	1억 원

Q. 등기가 되지 않은 무허가 건물을 갖고 있는데 재산세를 내야 하나요?

A. 재산세는 사실현황에 따라 과세하기 때문에 공부에 등재가 되어 있지 않아도 재산세가 부과됩니다.

Q. 건축법 위반건축물을 갖고 있다 적발당해 이행강제금을 납부하고 있는 중 재산세가 부과되었는데, 이중과세 아닌가요?

A. 이행강제금은 위반건축물을 신축, 증축 등의 위법행위를 간접적으로 강제하는 성격의 부과금일 뿐 조세는 아니며, 재산세는 재산의 보유사실 자체에 담세력을 인정하여 과세하는 조세이기 때문에 이중과세라 볼 수 없습니다.

Q. 개발제한구역에 땅을 갖고 있습니다. 공부상 '전'으로 되어 있지만 현재 대지로 사용하고 있습니다. 이번에 재산세를 과세관청에서 종합합산으로 고율의 세율을 적용하여 세금이 많이 나왔는데 맞게 부과된 것인가요?

A. 재산세의 과세 대상 물건이 공부상 등재 현황과 사실상의 현황이 다른 경우에는 사실상 현황에 따라 재산세를 부과합니다.[10] 따라서 맞게 부과된 것입니다.

---

10 지방세법시행령 제119조

Q. 아파트를 분양받고 취득세를 5월에 납부했습니다. 아직 등기가 되지 않았는데 재산세를 내야 하나요?

A. 재산세는 사실현황에 따라 과세하기 때문에 공부에 등재가 되어 있지 않아도 재산세가 부과됩니다. 이때 재산세 납세자는 과세기준일(6월 1일) 기준 소유자에 속하므로, 취득의 시기인 잔금지급일, 등기접수일 중 빠른 날짜를 기준으로 납세자가 결정됩니다.

Q. 주택을 2인 이상 공동 소유하면 재산세 관련 혜택이 있나요?

A. 주택분 재산세는 공동주택가격을 기준으로 과세표준을 계산하여 세액을 산출한 후 공동 소유인의 지분별로 안분하기 때문에 단독 소유일 때와 세액은 동일합니다.

Q. 주택이 포함된 상가건물을 가지고 있는데, 재산세 고지서 종류가 여러 장 나오네요?

A. 재산세는 주택과 일반건축물(상가 등)의 과세 방식이 다르기 때문에 한 건물에 주택과 상가가 공존하는 경우 7월에는 주택1기분(주택 전체세액의 50%)과 상가의 건축물분이, 9월에는 주택2기분(주택 전체세액의 나머지 50%)과 상가의 토지분이 부과됩니다. 따라서 7월에는 고지서 2장(주택1기분, 상가 건축물분)이, 9월에도 고지서 2장(주택2기분, 상가 토지분)이 발급됩니다.

Q. 상가를 다섯 채 분양받았습니다. 7월에 건축물분 고지서 다섯 장을 받아서 납부했는데, 9월에 고지서가 한 장밖에 안 나왔습니다. 어떻게 된 일인가요?

A. 상가의 경우 7월에 건축물분 재산세가 부과되고, 9월에 토지분 재산세가 부과됩니다. 토지에 대한 재산세는 종합합산, 별도합산, 분리과세별로 계산한 세액을 합산하여 한 장의 납세고지서로 발급하며, 토지 외의 재산에 대한 재산세는 건축물·주택·선박 및 항공기로 구분하여 과세대상 물건마다 각각 한 장의 납세고지서로 발급하거나, 물건의 종류별로 한 장의 고지서로 발급할 수 있습니다.[11]

Q. 여러 필지의 토지를 갖고 있습니다. 재산에 고지서에는 필지별 세액이 합산되어 나오는데, 금액이 많아서 일부 필지의 세금만 납부할 수는 없나요?

A. 「지방세법시행규칙」 제58조 4호에 의해 토지에 대한 재산세는 종합합산, 별도합산, 분리과세별로 계산한 세액을 합산하여 한 장의 납세고지서로 발급합니다. 따라서 일부 필지의 세금만 납부할 수는 없으며, 「지방세법」 제118조에 의한 분할납부(재산세 본세 기준 500만 원 초과)나 신용카드 할부를 이용하시기 바랍니다.

Q. 아파트를 두 채 갖고 있습니다. 평수가 같은 아파트인데 재산세 금액 차이가 많이 납니다. 어떻게 된 것인가요?

A. 주택분 재산세는 매년 4월에 공시되는 개별주택가격 및 공동주택가격에 따라 과세됩니다. 따라서 같은 면적의 주택이라 하더라도 주택공시가격에 따라 세액 차이가 발생할 수 있습니다.

---

11   지방세법시행규칙 제58조4호

Q. 상가를 분양받았는데 장기간 공실입니다. 이 경우에도 재산세를 납부해야 하나요?

A. 재산세는 일정한 재산의 소유라는 사실에 담세력을 인정하여 부과하는 것이고, 과세
대상 재산으로부터 생기는 소득에 대하여 과세하는 것이 아니므로 사용수익이 불가
능한 공실 상가에도 재산세가 부과됩니다.

Q. 아버지께서 돌아가셨는데 6월 1일 기준으로 아직 상속인이 정해지지 않았습니다.
이 경우에 재산세를 내야 하는 건가요? 누가 납세자가 되는 건가요?

A. 상속등기가 이행되지 아니하고 사실상의 소유자를 신고하지 아니한 경우 민법상 상
속지분이 가장 높은 주된 상속자가 재산세의 납세자가 됩니다. 이때 상속지분이 가장
높은 자가 2인 이상인 경우에는 그중 연장자가 납세자가 됩니다.

Q. 주거용 오피스텔을 분양받아서 거주하고 있습니다. 이번에 재산세 고지서를 받아
보니 세금이 너무 많이 나왔는데 어떻게 과세되는 건가요?

A. 오피스텔은 건축물 대장상 업무용 시설이므로 건축물분 세율을 적용하여 과세되는
것이 원칙이나, 현황상 주거용으로 사용됨이 인정되는 경우 주택분 세율을 적용하여
건축물분보다 적은 세금으로 과세될 수 있습니다. 그러나 이 경우 주택으로 인정되어
양도소득세나 종합부동산세에서 불이익을 받을 수 있습니다.

Q. 그렇다면 주거용 오피스텔로 인정받는 방법은 무엇인가요?

A. 업무용 오피스텔을 현황상 주거용으로 인정받기 위해서는 주민등록등본(거주자의 주민등록 전입사실 증명)과 주거용 오피스텔 내부사진(실거주 입증)을 과세관청에 제출하여 신청하시면 됩니다. 필요한 경우 담당공무원의 현장 확인 등의 절차가 있습니다.

Q. 재산세 고지서를 이번에 처음 받았습니다. 함께 부과된 '지역자원시설세'와 '지방교육세'는 무엇인가요?

A. '지역자원시설세'와 '지방교육세'는 조세수입의 용도를 세법이 특정하고 있어 그 지정된 경비에만 지출할 수 있는 목적세에 해당되며 재산세 고지서에 병기되는 세목입니다. '지역자원시설세'는 지역자원을 보호·개발하고, 지역의 안전관리사업과 환경보호·환경개선 사업 및 지역균형개발사업에 필요한 재원을 확보하거나 소방시설·오물처리시설·수리시설 및 그 밖의 공공시설에 필요한 비용을 충당하기 위하여 과세합니다.[12] '지방교육세'는 지방교육의 질적 향상에 필요한 지방교육재정의 확충에 드는 재원을 확보하기 위해 취득세 등 지방세에 부가(「지방세법」 제149조)하며 「지방교육재정교부금법」 제11조에 따라 전액 교육비특별회계로 사용됩니다.

---

12   지방세법 제141조

Q.종합부동산세 조정대상지역에 2주택을 보유하던 상태에서 2022년 9월 1일, 주택 1호가 조정대상지역에서 해제된 경우 일반세율을 적용받나요?

A. 조정대상지역 판정은 과세기준일(6월 1일) 현재를 기준으로 적용합니다. 해당 연도 기준으로 2022년에는 조정대상지역 2주택자에 해당하며, 2023년 귀속분 부과 시에는 일반 2주택자에 해당합니다.

Q. 3주택을 보유한 상태(모두 비조정대상지역)에서 1호를 임대사업자 등록 후 합산 배제 적용받은 경우 종합부동산세 적용 세율은 얼마인가요?

A. 합산배제 주택은 세율 산정 시 주택 수에 포함되지 않으므로 비조정대상지역 2주택 소유자로 보아 일반세율이 적용됩니다. 2023년 이후는 주택 수에 관계없이 단일세율 이 적용됩니다.

Q. 부부가 조정대상지역 소재 주택 2호를 각각 50% 지분으로 소유하고 있는 경우 주택 수 판정은 어떻게 되나요?

A. 종합부동산세는 주택의 지분 또는 부속토지만 소유한 경우에도 주택을 소유한 것으로 보아 세율을 적용하므로 부부 모두 조정대상지역 2주택자에 해당합니다. 2023년 이후는 단일 세율을 적용하므로 세율의 차이는 없지만 각 2주택으로 보아 합산하여

과세됩니다.

Q. 법인으로 6억 원 이하의 주택을 보유한 경우에도 종합부동산세가 과세되나요?

A. 법인은 주택분 종합부동산세 공제액(6억 원)이 폐지되었으므로 주택을 보유한 가액
전체에 대해 종합부동산세 납세의무가 있습니다. 다만, 사업의 특성을 고려하여 시행
령으로 정하는 임대주택 및 기숙사 등 보유 법인의 경우 보유 주택의 공시가격이 9억
원을 초과하는 경우에 한하여 종합부동산세가 부과되며, 이 경우 세율도 단일 최고세
율이 적용됩니다.

Q. 2021년 주택분 종합부동산세 계산 시 법인 소유 주택에 대해서도 세부담 상한이
적용되나요?

A. 주택분 종합부동산세 세율이 단일세율 3% 또는 단일세율 6%가 적용되는 법인 또는
법인으로 보는 단체는 '21년부터 세법개정으로 주택분 종합부동산세 계산 시 세부담
상한이 적용되지 않습니다. 이는 2023년 개정내용까지도 법인의 세부담 상한은 적용
되지 않습니다.

Q. 법인의 경우 2021년부터는 토지분 종합부동산세 계산 시에도 세부담 상한이 미적
용되나요?

A. 법인 소유 주택에 대한 종합부동산세 계산 시에만 세부담 상한이 적용되지 않는 것이

고 법인 소유 토지에 대한 종합부동산세 계산 시에는 토지분 종합부동산세 세부담 상한 전년 대비 150%가 적용됩니다.

Q. 모든 금융소득이 종합과세 되는 금융소득인가요?(종합과세대상에서 제외되는 금융소득은 무엇인가요?)

A. 금융소득 종합과세대상은 연간 금융소득이 2,000만 원을 초과하는 경우입니다. 그러나 소득세가 비과세되는 금융소득과 분리과세되는 금융소득은 해당 금융소득의 크기에도 불구하고 종합과세 대상에서 제외됩니다.

Q. 금융소득이 2,000만 원 이하인 경우에도 종합과세되는 금융소득이 있나요?

A. 국내에서 원천징수되지 않은 금융소득과 출자공동사업자에 대한 배당소득은 금융소득의 크기와 관계없이 계속하여 종합과세됩니다. 2,000만 원은 14%의 세율을 적용하여 종합과세하고 2,000만 원을 초과하는 금액은 기본세율(6~45%)로 종합과세합니다.

Q. 금융소득 2,000만 원 초과액은 어떻게 계산하나요?

A. 국내에서 원천징수 되지 않은 금융소득을 포함한 연간 금융소득에서 종합과 세대상

이 아닌 비과세 및 분리과세 금융소득을 제외한 금융소득의 합계액으로 2,000만 원 초과 여부를 계산합니다.

Q. 종합과세되는 금융소득 금액은 어떻게 계산하나요?

A. 거주자의 종합과세대상이 되는 금융소득은 이자·배당소득을 연도별로 합산하여 2,000만 원을 초과하는 경우 금융소득 전체가 종합과세됩니다.

Q. 국내에서 원천징수되지 않은 금융소득은 종합과세 대상일까요?

A. 이자·배당 중 국내에서 원천징수되지 않은 것은 모두 종합과세되는 금융소득입니다. 다만, 해당 금융소득이 국내 금융회사 등에서 원천징수된 경우에는 연간 2,000만 원을 초과하는 경우에만 종합과세됩니다.

Q. 소득세가 비과세되는 금융소득도 종합과세될까요?

A. 소득세가 비과세되는 이자·배당소득은 모두 금융소득 종합과세 대상에서 제외됩니다.

Q. 세금우대저축의 이자·배당소득도 종합과세 대상일까요?

A. 금융회사 등에서 원천징수세율이 14%보다 낮은 세율인 9%를 적용하여 원천징수하는 세금우대저축의 이자·배당소득은 분리과세 되는 금융소득으로 종합과세 대상에서 제외됩니다.

Q. 예금·적금 이자보다 대출에 따른 이자비용이 더 많은데 원천징수세액이 환급되지 않는 이유는 무엇인가요?

A. 이자소득에 대해서는 별도의 필요경비가 인정되지 않습니다. 따라서 경매 관련 소송비용, 대여금 관련 차입금의 이자, 대여금 알선사례비 등이 이자소득금액 계산에 있어서 필요경비로 공제되지 않습니다.

Q. 금융소득 2,000만 원까지는 종합과세 신고 대상이 아닌 걸로 아는데 이때 2,000만 원은 세전 이자소득인지 아니면 세후 이자소득인가요?

A. 종합과세 신고 대상 소득 여부 판단은 세전 이자소득으로 하는 것이며, 이때 2,000만 원 이하인 경우라도 국내에서 원천징수되지 않는 금융소득이 있는 경우에는 종합소득세를 신고하여야 합니다.

Q. 금융소득만 있는 거주자가 기부금 공제를 받을 수 있나요?

A. 원천징수세율(14%)을 적용받는 이자·배당소득을 제외한 기본세율(6~42%)이 적용되는 소득금액에 대해서는 기부금 공제를 적용받을 수 있습니다.

Q. 사업소득과 이자소득이 있고, 사업소득 금액에서 결손금이 발생하였을 경우 이자소득에서도 결손금을 공제할 수 있나요?

A. 사업소득에서 결손금이 발생한 거주자가 종합소득과세표준에 이자소득이 있는 경우

원천징수세율(14%)을 적용받는 부분은 결손금 및 이월 결손금의 공제 대상에서 제외되나, 종합소득세율(누진세율)을 적용받는 이자소득 부분에 대해서는 납세자가 그 소득금액 범위 안에서 공제 여부 및 공제금액을 결정할 수 있습니다.

Q. 배당세액공제는 무엇인가요?

A. 법인단계에서 이미 법인세가 과세된 소득을 주주에게 배당할 때 그 배당소득에 대하여 다시 과세하면 동일한 소득에 대한 이중과세 문제가 발생하게 되므로 이러한 문제를 해소하기 위해 법인세 과세분인 배당가산액(Gross-up 금액)을 배당소득 금액에 가산하였다가 다시 산출세액에서 공제하는데 이를 "배당세액공제"라 합니다.

4장

부동산_팔 때 반드시
고려해야 할 세금,
양도세 절세 전략 세우기

1세대 1주택 비과세야말로
최고의 절세 방법이다

　부동산은 취득, 보유, 처분 시에 모두 세금이 있다. 부동산을 처분할 때는 투자 수익을 확정하는 시기이므로 처분 시의 양도소득세를 줄이는 것이 투자의 가장 큰 목표이기도 하다. 처분 시 비과세가 되는지, 중과세가 되는지에 따라 큰 이익을 볼 수도 손해를 볼 수도 있기 때문이다.

　1세대 1주택 비과세는 주택에 투자하는 거주자가 받을 수 있는 최고의 절세 방법으로 2021년 12월 8일 개정되어 12억 원까지 비과세된다. 다만 1세대 1주택 비과세는 요건이 매우 중요한데 비과세를 받기 위해서는 모든 요건을 다 만족하여야 한다.

1세대 1주택
1세대 : 세대원 전원
1주택 : 국내 모든 주택 등
2년 보유 및 거주(조정지역)

각 요건을 제대로 살펴보면 다음과 같다.

① 1세대 요건

세대의 판단은 동일한 주소 및 거소에서 생계를 같이하는지로 판단한다. 이때 생계를 같이하는지는 형식적으로 주소지만 보고 판단하는 것이 아니라 실질적인 생계 여부를 확인한다.

세대 분리가 되기 위해서는 몇 가지 요건이 필요하다.

세대분리의 요건

따로 거주하면서 다음의 요건 중 하나 충족

1. 해당 거주자의 나이가 30세 이상인 경우
2. 배우자가 사망하거나 이혼한 경우
3. 「국민기초생활 보장법」 기준 중위소득의 100분의 40 수준 이상

주소지가 따로 되어 있으면서 세 가지 중 하나의 요건을 충족하여야 한다. 먼저 해당 거주자의 나이가 30세 이상이거나, 결혼을 한 경우 그리고 일정 소득이 있는 경우에는 세대분리가 가능하다. 동일 세대원에 대한 세대구성 판단은 세법상 매우 까다로운데, 세법적으로는 실질적인 세대원으로 생계를 같이하고 있는 자녀가 주택을 보유한다면 1세대 2주택으로 판단한다.

그러나 주택을 가진 거주자와 실질적으로 생계를 달리하여 별도의 세대를 구성한다면 이는 각각 1주택으로 보아 각각 비과세 혜택을 받을 수 있다.

집행기준 89-154-8 ── 거주자와 1세대 요건을 갖춘 아들이 같은 세대원인 경우

1주택을 소유한 거주자가 「소득세법」 제88조제6호에 따른 1세대 구성요건을 갖춘 아들과 함께 1세대를 구성하여 생계를 같이하고 있는 경우로서 아들이 주택을 보유한 경우 1세대 2주택에 해당된다.

집행기준 89-154-9 ── 거주자의 배우자와 1세대 요건을 갖춘 아들이 같은 세대원인 경우

거주자가 단독으로 1세대를 구성하고 그 거주자의 배우자는 그들의 아들과 함께 1세대를 구성하여 생계를 같이하고 있는 경우에 거주자와 그 배우자는 세대 또는 생계를 달리하여도 같은 세대원으로 보는 것이나, 그 아들이 「소득세법」 제88조제6호에 따른 1세대 구성요건을 갖춘 경우에는 거주자와 그 아들은 같은 세대원으로 보지 아니한다.

· 주소를 달리하며 실질적으로 따로 사는 것이 입증되는 경우

· 생활비가 각각 분리되어 사용되는 경우

· 공동주택의 관리비 분담 내용이 입증되는 경우

· 공과금의 분담 내용으로 보아 생계를 달리하는 경우

② 1주택 요건

거주자가 국내 1주택을 보유하여야 한다. 거주자는 법률상의 국적 개념이 아닌 국내에 직업 생계를 같이하는 가족 및 자산 상태를 고려하여 국내 183일 이상 거소하는 외국인도 거주자가 될 수 있다. 내국인이지만 외국에 일시적으로 발령을 받아 근무하는 경우 외국에 거주하지만 거주자로 인정받아 비과세 혜택을 받을 수 있다. 거주자 비거주자의 개념은 사실판단의 문제이므로 해당되는 분들이라면 처분 전에 반드시 상담을 받아보길 바란다. 1주택이라는 요건은 주거용으로 사용하는 건물을 의미한다. 따라서 오피스텔도 주거용으로 사용한다면 주택 수에 들어가고 무허가 건물도 주택으로 포함될 수 있다.

다가구 주택과 다세대 주택의 판단

다가구 주택과 다세대 주택은 법률상의 실질로 판단한다. 다세대 주택은 각각을 세대로 보므로 양도소득세 중과가 적용될 수 있으나 다가구 주택은 전체를 1주택으로 보아 비과세 적용이 가능하다. 따라서 다가구 주택은 판단이 중요하다. 다가구 주택은 건축법상 다음과 같은 요건을 갖추어야 한다.

다가구주택

'다가구와 다세대는 1주택으로 보아 비과세를 적용하는가?' 아니면 '다주택으로 보아 주택의 종합부동산세 부담과 양도소득세 중과가 될 수 있는가?'가 매우 중요하므로 요건을 정확히 알아야 한다.

구 분	다가구 주택	다세대 주택
주택수 판단	1주택	다주택
주택법상 유형	단독주택	공동주택
주택층수 제한	3층 이하 (주택외 부분 층수 제외)	4층 이하
등기 형태	전체 등기	호별(세대별) 등기
바닥면적 제한	1동의 면적이 660㎡ 이하	1동의 면적이 660㎡ 이하 (1개의 동을 지하주차장으로 연결하는 경우 각각의 동으로 판단)

다가구 주택의 용도 변경

다가구 주택은 전체를 1주택으로 보아 1세대 1주택을 적용받아 유리한 경우가 있다. 그러나 다주택자는 다가구 주택이 주택 수에 들어가므로 다주택 중과세 등이 적용될 수 있어서 불리한 경우도 있다. 다음의 두 가지 경우에 다가구 주택의 용도 변경에 따른 주의사항을 알아보자.

① 주택에서 근린생활시설로 용도 변경한 경우

주택에서 일부 층을 근린생활시설로 용도 변경한 경우 이를 시설용도로서의 변경뿐만 아니라 구청 등에 반드시 허가를 받아야 한다. 이 경우 주택 부분의 면적이 줄어 다주택자의 경우에는 낮은 세율로 양도소득세도 줄어들고 종합부동산세도 줄어들 수 있어 유리하나, 1세대 1주택자는 오히려 비과세 부분이 줄어들어 불리할 수 있다.

그리고 양도소득세의 장기보유공제를 적용할 때에는 다가구 주택으로 용도 변경한 날부터 양도일까지의 보유기간을 계산하여 장기보유특별공제를 적용한다. 소득세법 집행기준 [95-159의 3-6]에 따르면 기존의 다주택자는 장기보유공제를 못 받으나, 근린생활시설 상가의 경우는 장기보유공제를 받을 수 있다.

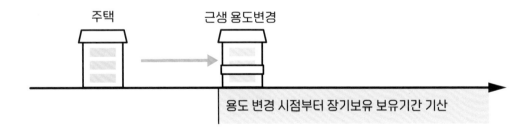

[제목]

2017. 8. 3. 이후에 용도변경한 다가구주택을 하나의 매매단위로 양도하는 경우 거주요건 적용 여부

[요지]

1세대가 2017. 8. 2. 이전에 취득한 조정대상지역에 있는 다세대주택을 2017. 8. 3. 이후에 사실상 공부상 용도만 다가구주택으로 변경하여 하나의 매매단위로 양도하는 경우 보유기간 중 2년 이상 거주요건은 적용하지 않는 것임

② 근린생활시설에서 주택으로 용도 변경한 경우

근린생활시설에서 주택으로 용도 변경한 경우에는 다가구 주택이 1주택으로 인정된 경우 1세대 1주택으로 비과세 혜택을 받을 수 있다. 현재 1세대 1주택 비과세는 최대 12억 원까지 적용받을 수 있으나 12억 원을 초과하는 부분에 대해서는 세금을 부담한다.

그러나 이 경우에는 거주기간과 보유기간이 문제가 될 수 있는데, 거주기간은 2017년 8월 2일 이전 취득의 경우와 2017년 8월 2일 이후의 취득으로 나뉜다. 2017년 8월 2일 이후 주택은 근린생활시설을 주택으로 용도 변경을 하더라도 주택에 대한 거주 요건을 갖추어야 비과세가 가능하다. 그러나 2017년 8월 2일 이전에 취득한 다세대 주택을 다가구로 변경하는 경우에는 거주 요건을 갖추지 않더라도 비과세가 가능하다는 예규가 있으므로 이를 활용하면 절세에 유리하다.

③ 1주택자가 보유 중인 상가를 용도 변경하여 주택으로 사용하는 경우

1세대 1주택자가 소유하던 상가를 용도 변경하여 주택으로 사용하는 때에는 주택으로 용도 변경한 때에 다른 주택을 취득한 것으로 보아 일시적인 1세대 2주택 비과세 특례 규정을 적용한다. 주택이 있는 경우 상가를 주택으로 변경하였다면 일시적 2주택의 비과세기간을 놓치지 않도록 유의해야 한다. 비과세 혜택을 받지 못할 수도 있다.

2년 보유 요건 및 거주 요건

1세대 1주택 비과세를 적용받기 위해서는 기본적으로 2년 이상 보유하여야 한다. 먼저 주택은 의식주의 한 부분으로 사람이 생활하는 데 있어 꼭 필요하므로 세금 부담을 덜어주고 투기를 방지하기 위해 일정 기간 보유 요건이 필요하다. 그러나 실소유자의 비과세를 지원하기 위해서는 거주하는 주택에 대해서 비과세를 해주는 것이 취지가 맞다. 이를 위해 양도소득세는 시기에 따라 여러 연혁을 거쳐 보유 요건과 거주 요건을 두고 있다. 2004년 1월 1일부터는 서울 과천 및 5대 신도시에 대하여 보유와 거주 요건을 두다가, 2011년 6월 3일 이후 거주 요건은 없어졌다. 그러나 2017년 9월 19일 이후는 조정대상지역에는 2년 이상 보유 요건과 거주 요건을 만족하여야만 비과세를 인정한다.

구 분		양도시기					
		'03.10.1.~'03.12.31.	'04.1.1.~'04.12.31.	'05.1.1.~'11.6.2.	'11.6.3.이후	'12.6.29.이후	'17.9.19.이후
서울·과천 및 5대 신도시	일반주택	3년 이상 보유 1년 이상 거주	3년 이상 보유 2년 이상 거주		3년 이상 보유	2년 이상 보유	
	'99년 취득주택	1년 이상 보유 1년 이상 거주		3년 이상 보유 2년 이상 거주			
위 외의 지역	일반주택	3년 이상 보유					
	'99년 취득주택	1년 이상 보유		3년 이상 보유			
취득 당시 조정대상지역	지역 내						2년이상 보유 2년이상 거주
	지역 외						2년 이상 보유

조정대상지역

조정대상지역이란 청약 과열지역으로 주택가격 상승률이 일정 범위 이상으로 높아지거나 청약 경쟁률이 높은 지역의 부동산 경기를 안정화하기 위해 주택법 제63조의2에 의하여 지정한다. 일정 요건을 갖추면 지자체 의견을 청취 후 국토부 장관이 주거정책 심의위원회 심의를 거쳐 지정하는데 현재 조정대상지역의 현황은 대표적인 시군구를 보면 다음과 같다. 2022년 9월 29일 기준 조정지역 등은 다음과 같이 해제되었다.

	투기지역(15개)	투기과열지구(39개)	조정대상지역(60개)
서울	강남,서초,송파,강동,용산 성동,노원,마포,양천,영등포 강서('17.8.3),종로,중구 동대문,동작('18.8.28)	전 지역 ('17.8.3)	전 지역 ('16.11.3)
경기		과천('17.8.3), 성남분당('17.9.6), 광명,하남('18.8.28) 수원,성남수정,안양, 안산단원,구리,군포, 의왕,용인수지·기흥 동탄2[주1]('20.6.19)	과천,성남,하남,동탄2('16.11.3) 광명('17.6.19),구리,안양동안,광교지구('18.8.28), 수원팔달,용인수지·기흥('18.12.31) 수원영통·권선·장안,안양만안,의왕('20.2.21) 고양,남양주[주2],화성,군포,부천,안산,시흥,용인처인[주3], 오산,안성[주4],평택,광주[주5],양주[주6],의정부('20.6.19) 김포[주7]('20.11.20),파주[주8]('20.12.18) 동두천시('21.8.30)[주9]
인천		연수,남동, 서('20.6.19)	중[주10],동,미추홀,연수,남동 부평,계양,서('20.6.19)
세종	세종 주[15]('17.8.3)	세종 주[15]('17.8.3)	해운대,수영,동래,남,연제('20.11.20), 서구,동구,영도구,부산진구,금정구,북구,강서구, 사상구,사하구('20.12.18),세종 주[15]('16.11.3)

*따로 표시한 지역: 금번 해제지역 *주석 표시는 일부 지역 제외

조정대상지역이 되면 다주택자는 양도소득세 중과세율이 적용되며 거주지역
에서는 2년 보유 요건이 추가되는 등 세금적으로 불이익이 크다.

주택 부수토지로
세금 절약하는 노하우

　　주택 부수토지란 주택과 경제적 일체를 이루고 있고 사회통념상 주거생활공간

으로 인정되는 토지를 말한다. 그러나 너무 넓은 토지를 주택의 부수토지로 인정한

다면 형평이 맞지 않고 토지를 비효율적으로 쓸 수 있기 때문에 일정한 배율만을

주택 부수토지로 본다.

	2021년	2022년
도시지역 (수도권)		
-주거지역 -상업지역 -공업지역	5배	3배
-녹지지역		5배
수도권 외		
도시지역 외	10배	10배

1세대 1주택

부수토지

기존 세법은 도시지역이나 수도권은 주택의 5배까지를 주택 부수토지로 인정하였고 도시지역 외의 지역에서는 10배의 토지를 인정한다. 그러나 2022년부터는 도시지역 안에서도 수도권 내의 주거, 상업, 공업지역은 3배만 인정하고 수도권 내 녹지지역이나 수도권 외의 지역은 2021년과 마찬가지로 주택 면적의 5배를 주택 부수토지로 인정한다.

겸용주택 상가 부수토지의 비과세

겸용주택이란 주택과 상가를 겸하여 사용하는 주택이다. 겸용주택의 규정은 2022년 1월 1일부터 개정되었다. 종전 규정은 주택의 면적이 상가보다 큰 경우는 전체를 비과세하고 주택의 면적이 상가보다 작은 경우에는 주택만을 비과세하였다.

그러나 2021년도에는 전체 가액이 12억 원을 초과하면서 주택이 상가보다 큰 경우에는 주택만 비과세하고 상가 부분은 과세한다. 만약 주택의 면적이 상가보다 큰 경우에 전체 가액이 12억 원을 넘지 않는 경우에는 전체를 비과세하는 것으로 개정되었다. 주택의 면적이 상가보다 적은 경우에는 주택만 비과세하는 규정은 종전과 같다.

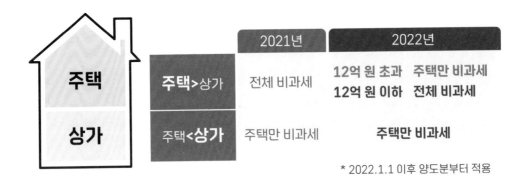

		2021년	2022년	
주택>상가		전체 비과세	12억 원 초과	주택만 비과세
			12억 원 이하	전체 비과세
주택<상가		주택만 비과세	주택만 비과세	

* 2022.1.1 이후 양도분부터 적용

겸용주택을 판단하는 데 있어서는 주택의 면적에 따라 실질과세되는 만큼 납세자와 과세 관청과의 입장차가 자주 발생한다. 이 부분에 대한 판단은 실질주택으로 사용했는지 여부, 지하 창고 등의 사용 현황, 옥상 방 등을 실제 사용했는지 여부, 상가 등으로 사용했다면 영업신고증의 신고 면적에 대한 내용, 재산세의 과세 근거 등을 통해 실질적으로 주택으로 사용했는지 상가로 사용했는지 등 법적 다툼의 소지가 많이 있다. 따라서 양도 전 반드시 확인해야 한다.

1세대 1주택으로
인정받기 위한 2년

1세대 1주택의 경우에는 조정대상지역에서는 보유기간과 거주기간을 모두 만족하여야 한다. 원칙적으로 2년 이상 보유(2017년 8월 3일 이후 취득하여 2017년 9월 19일 이후 양도하는 경우 2년 이상 거주 동시 충족)한 1세대 1주택에 비과세를 적용하고 있다. 그러나 보유기간이나 거주기간을 갖추지 못하더라도 부득이한 경우에는 예외를 두어 비과세를 받는 방법이 있다.

보유기간 제한 없이 비과세되는 경우

특별히 공공임대주택이나 어쩔 수 없는 사유가 있는 경우 보유기간의 제한 없이 비과세 혜택을 받을 수 있다. 구체적으로는 다음 네 가지가 있다.

① 민간임대주택 특별법에 의한 건설임대 주택(공공건설임대주택 및 공공매입임대주택 포함)을 양도하는 경우 이미 5년 이상 거주하고 분양을 전환받은 것을 말한다.

② 공공사업용으로 협의 매수 수용되는 경우에는 공익사업의 수용일로부터 5년 내 양도하는 경우 보유기간 및 거주기간에 관계없이 비과세가 가능하다.

③ 해외 이주법에 의한 해외 이주로 세대 전원이 출국하는 경우로서 거주자가 출국 전 취득한 주택을 출국일로부터 2년 이내에 양도하는 경우에는 비과세가 가능하다.

④ 1년 이상 거주한 주택을 근무상의 형편 또는 질병의 요양으로 세대 전원이 다른 시 군 등으로 주거 이전하는 경우에 해당한다. 이 경우는 국외 이주는 포함하지 않는다.

거주기간은 2년이 안 되더라도 비과세가 적용되는 세 가지 경우가 있다. 이 법의 취지는 민간 임대사업자에게 혜택을 주는 일시적인 내용과 조정대상지역 지정 전의 취득 그리고 임차인 보호를 위해 세입자를 내보내지 않는 상생임대인 요건을 갖춘 경우에 해당한다. 구체적으로는 다음과 같다.

① 2019년 12월 16일 이전 등록한 임대주택

구청과 세무서에 민간임대주택사업자로 신청하고 등록한 조정대상지역 내의 해당 주택은 거주기간의 제한을 받지 않는다. 그러나 2019년 12월 17일 이후에 신청한 민간임대주택은 적용되지 않는다. 임대주택은 의무 임대기간(4년 또는 8년)을 준수해야 하며, 2019년 2월 12일 이후의 임대료 증가율 5% 이내의 요건을 준수하여야 한다.

② 조정대상지역의 공고 전 매매계약 체결한 주택
2년 거주기간은 조정대상지역에서 취득한 주택이 갖추어야 할 요건이다. 따라서 조정대상지역으로 지정되기 전에 계약을 하여 취득한 주택이라면, 2년 거주요건을 갖추지 않아도 비과세가 가능하다. 이때 계약은 계약금을 지불한 것이 확인되어야 하고 계약일 당시 무주택자이어야 한다.

③ 상생임대주택
상생임대주택이란 임차인을 보호하기 위한 전월세 안정대책의 일환으로 상생임대계약을 체결한 임대인에 대해 거주하지 않더라도 거주기간 2년을 인정하여 주는 제도이다.

상생임대인은 제도 초창기에는 고가 주택은 제외하고 다주택자도 제외하는 등 정책의 적용을 받는 대상자가 많지 않았지만 여러 문제점을 개선하여 상생 임대를 활용하게 되면 2년 거주를 하지 않아도 비과세가 가능하도록 하였다.

<상생임대인 지원제도 개선(안)>

구 분		현 행	개 선
상생임대인 개념		직전계약 대비 임대료를 5% 이내 인상한 신규(갱신) 계약 체결 임대인	좌 동
상생임대주택 인정 요건		임대개시 시점 1세대 1주택자 + 9억 원(기준시가) 이하 주택	폐 지 임대개시 시점에 다주택자이나 향후 1주택자 전환 계획이 있는 임대인에게도 혜택 적용
혜택	비과세	조정대상지역 1세대 1주택 양도세 비과세 2년 거주요건 중 1년 인정	조정대상지역 1세대 1주택 양도세 비과세 2년 거주요건 면제
	장특공제	없음	1세대 1주택 장기보유특별공제 적용 위한 2년 거주요건 면제
적용 기한		22.12.31.	2024.12.31. (2년 연장)

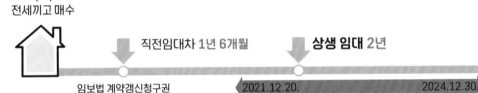

주택
전세끼고 매수

직전임대차 1년 6개월   상생 임대 2년

임보법 계약갱신청구권
2020.7.30. 시행

2021.12.20.   2024.12.30.

*[직전임대차계약] 대비 임대료 5% 이하 인상을 준수해야 한다.

상생임대인은 몇 가지 요건을 갖추어야 하는데 그 요건은 다음과 같다.

① 주택을 매입한 후 새로 체결한 직전임대차 계약을 1년 6개월 이상 실제 임대차 계약을 유지하여야 한다.

② 직전임대차 계약 이후 상생임대차 계약을 2021년 12월 20일부터 2024년

12월 31일까지의 기간 중 체결해야 하며 계약금을 실제로 지급받은 사실이 확인되어야 한다.

③ 상생 임대차 계약은 2년 이상 실제 임대기간을 유지해야 한다.

④ 직전임대차 계약에서 상생 임대차 계약의 갱신 계약은 5% 이내로 임대료가 상승되어야 한다.

이 요건을 모두 갖춘 경우에는 거주기간 2년의 예외를 인정한다.

1세대 1주택자의 장기보유공제

장기보유공제를 받기 위해서도 실거주가 유리하다. 최근 2021년 개정된 세법에서는 장기보유공제에 대해 보유와 거주가 오래될수록 유리하도록 개정되었다.

장기보유특별공제율														
연수	2년	3년	4년	5년	6년	7년	8년	9년	10년	11년	12년	13년	14년	15~
부동산		6%	8%	10%	12%	14%	16%	18%	20%	22%	24%	26%	28%	30%
1세대1주택 보유		12%	16%	20%	24%	28%	32%	36%	40%					
1세대1주택 거주	8%*	12%	16%	20%	24%	28%	32%	36%	40%					

* 단, 보유기간이 3년 이상인 경우에 적용

1세대 1주택자의 장기보유공제 내용을 살펴보면 보유기간은 3년 이후부터 10년까지 1년에 4%의 장기보유공제 혜택을 준다. 거주기간은 3년 이후부터 1년에 4%의 혜택을 주지만 보유 3년이 넘어가면 거주는 2년만 하더라도 장기보유공제 혜택을 8% 적용한다. 거주기간과 보유기간을 합하여 각 40%씩 80%의 장기보유공제 혜택을 받을 수 있다.

재건축한 주택의 보유기간과 거주기간

구 분	보유 및 거주기간 포함 여부		
	종전주택	공사기간	재건축주택
소실·노후 등으로 재건축한 경우	포함	포함하지 않음	포함
도시및주거환경정비법에 따라 재건축한 경우	포함	보유 : 포함 거주 : 포함하지 않음	포함

재건축한 주택의 보유기간과 거주기간은 도시및주거환경정비법에 따라 공사기간에 보유기간을 포함하지만 거주기간은 포함하지 않는다. 도시및주거환경정비법에 의하지 않은 소실 노후의 재건축은 공사기간에 거주기간과 보유기간을 둘 다 포함하지 않음에 유의해야 한다.

일시적 2주택으로
비과세 절세 전략

일시적 2주택은 1세대 1주택자가 주택을 갈아타기 위해 일시적으로 2주택이 되는 경우를 말한다. 일정 요건을 갖추면 중과세되지 않으며 비과세가 가능하다. 일시적 2주택을 활용하여 비과세를 통해 주택을 이동하는 것은 부동산 재테크의 기본이며, 가장 큰 절세 혜택 중 하나이다.

소득세법 시행령 155조에서는 일시적 2주택에 대한 내용을 다음과 같이 소개하고 있다.

소득세법 시행령 제155조(1세대 1주택의 특례)

① 국내에 1주택을 소유한 1세대가 그 주택(이하 이 항에서 "종전의 주택"이라 한다)을 양도하기 전에 다른 주택(이하 이 조에서 "신규 주택"이라 한다)을 취득(자기가 건설하여 취득한 경우를 포함한다)함으로써 일시적으

로 2주택이 된 경우 종전의 주택을 취득한 날부터 1년 이상이 지난 후 신규 주택을 취득하고 다음 각 호에 따라 종전의 주택을 양도하는 경우(제18항에 따른 사유에 해당하는 경우를 포함한다)에는 이를 1세대1주택으로 보아 제154조제1항을 적용한다.

이를 그림으로 이해하면 다음과 같다.

① 어느 하나라도 비조정대상지역에서의 일시적 2주택

종전 주택이나 신규 주택 중 어느 하나라도 비조정대상지역의 주택이라면 일시적 2주택 비과세의 요건이 비교적 쉽게 적용된다. 종전 주택의 취득 이후 1년 이후에 신규 주택을 취득 후 3년 이내에 종전의 주택을 양도하는 경우에는 비과세 혜택을 받을 수 있다.

비과세의 요건은 다음과 같다.

1) 종전주택 취득 이후 1년 이후 신규주택 취득^(단, 예외는 있다.)

2) 신규 주택 이후 비과세 요건을 갖춘 종전 주택을 3년 이내 양도

취득 당시에는 비조정대상지역이었다가 양도 시 조정대상지역인 경우

조정대상지역의 공고가 있은 날 이전에 신규 주택_(신규 주택을 취득할 수 있는 권리를 포함한다. 이하 이 항에서 같다)을 취득하거나 신규 주택을 취득하기 위해 매매계약을 체결하고 계약금을 지급했는데 향후 조정대상지역이 되면 억울하다.

따라서 조정대상지역 대상의 판단은 양도 시보다 취득 당시에 조정대상지역인지의 판단이 중요하다. 조정대상지역 대상 지정 이전에 취득한 경우라면, 신규주택 취득 후 3년 내 양도를 적용하여 양도하더라도 비과세가 가능하다.

< 일시적 2주택의 조정지역 기간판단 : 취득 당시 >

취득 당시	양도 당시	종전주택 기간판단
조정대상지역	조정지역 해제	1년 (2022.5.10 이후 2년)
비조정지역	조정대상지역	3년 내 양도

취득 당시에는 조정대상지역이었다가 양도 시 비조정지역인 경우

양도 시 신규 주택이 비조정대상지역이라고 하더라도 취득 시에 조정대상지역이었다면 종전 주택의 양도 시에는 신규 주택 둘 다 조정대상지역으로 판단할지, 어느 하나라도 비조정대상지역으로 판단할지 판단하여 적용한다.

조정대상지역이냐 아니냐에 따라 달라지는 일시적 2주택

종전 주택과 신규 주택이 모두 조정대상지역에 속한다면, 일시적 2주택의 요건이 좀 더 까다롭게 적용되었다. 그러나 2022년 비과세를 받기 위해 급매로 주택을 내놓았으나 주택거래 급감 상황에서 1년 이내에 팔리지 않아 비과세를 적용받지 못하는 경우 발생하였다. 그리고 세대원 전원이 이사하기 어려운 다양한 사정이 있음에도 일률적으로 규제하는 것을 완화하여 2022년 5월 10일 이후에는 조정대상지역 이내에서도 2년 이내 양도하는 것으로 개정하였다. 또한 신규 주택으로의 전입하는 규정도 삭제하였다.

일시적 1세대 2주택 비과세 가능 요건

① 종전 주택의 취득 이후 1년 이후에 조정대상지역의 신규 주택을 취득한다. 이에 대한 예외 규정은 후술하기로 한다.

신규주택취득일	2018.9.13. 이전	2018.9.13.~2019.12.17.	2019.12.17. 이후	2022.5.10. 이후
중복 보유 기간	3년	2년	1년	2년
전입 기간	없음	없음	1년 내 전입	전입기간없음

② 조정대상지역의 비과세 가능 기간은 부동산 대책을 내놓을 때마다 요건이 변경되어왔다. 이를 중복보유 기간의 변천으로 보면 다음과 같다. 2018년 9월 13일 대책 이전에는 중복보유 기간이 3년이었지만 9월 13일 대책 이후에 취득하는 신규 주택에 대해서는 보유기간 2년을 적용한다. 부동산은 취득하는 데에도 계약금 중도금 및 잔금 시까지 시간이 걸리기 때문에 대책 이전에 계약을 한 사람은 바뀐 규정으로 적용되면 억울한 경우가 생기게 된다. 법률은 소급하여 과세하지는 않으므로 법률 변경일 이전에 계약을 하고 실질을 판단하기 위해 계약금 지급까지 확인이 되는 경우에는 종전의 규정을 적용한다.

③ 2022. 5. 10. 이후에 신규 구입한 주택에 대한 1년 내 전입은 필요 없다.

2019년 12월 17일 대책으로 신규 주택에 세대원 전원이 전입하고 주소도 1년 이내에 이전해야 한다. 전입의 요건은 실질적인 전입을 말한다. 그러나 취학, 근무상의 형편, 질병의 요양 그 밖의 부득이한 사유로 세대의 구성원 중 일부가 이사하지 못하는 경우는 예외적으로 이사하지 못하는 경우에도 인정된다. 2022년 5월 10일 이후의 양도분부터는 세대원 전원이 신규 주택으로 이사해야 하는 요건을 삭제하였다.

1년 이후 취득조건의 예외

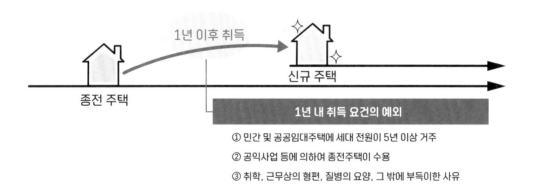

단 이 경우에도 아래의 세 가지 경우는 종전주택 취득 이후 1년, 신규 주택의 규정을 적용받지 않는다. 조정대상지역이나 비조정대상지역의 신규주택 취득에 있어 종전주택 취득 이후에 1년 이후에 취득하여야 하지만 다음의 세 가지 경우에는

1년 이후 취득에 대한 예외로 인정된다.

① 민간임대주택 및 공공임대주택에 세대 전원이 5년 이상 거주한 경우

② 공익사업 등에 의하여 종전 주택이 수용되는 경우

③ 취학, 근무상의 형편, 질병의 요양, 그 밖에 부득이한 사유로 양도하는 경우

다주택자가 중과세에서
살아남는 방법

다주택자의 양도소득세 부담

2020년 이후 주택 가격이 상승하면서 다주택자에 대한 규제가 많아졌다. 다주택자에 대한 양도소득세의 규제는 두 가지로 이루어진다.

① 장기보유공제 배제

② 조정대상지역 양도 시 기본세율에 20%(2주택) 및 30%(3주택 이상) 가산

먼저 다주택자는 장기보유공제를 받을 수 없다. 1세대 1주택자는 장기보유공제를 최대 80%까지 해주지만, 다주택자는 장기보유공제를 받지 못한다. 둘째 조정대상지역에 있는 다주택자의 양도소득세 중과세율은 다음과 같다.

양도소득 기본세율		
과세표준	세 율	누진공제
1,400만 원 이하	**6**%	0
5천만 원 이하	**15**%	108만 원
8,800만 원 이하	**24**%	522만 원
1억 5천만 원 이하	**35**%	1,490만 원
3억 원 이하	**38**%	1,940만 원
5억 원 이하	**40**%	2,540만 원
10억 원 이하	**42**%	3,540만 원
10억 원 초과	**45**%	6,540만 원

+

다주택 중과세		
조정대상 2주택 이상	기본	+ **20**%
조정대상 3주택 이상	기본	+ **30**%

다주택자의 양도소득세율은 기본세율에 2주택은 20%를 더하고 3주택은 30%를 더한다. 중과세율의 판단은 양도 시점에 조정대상지역의 주택을 파는 경우에 조정대상지역의 주택 수에 따라 판단한다. 그러나 2022년 정권이 바뀌고 다주택자에 대한 중과세가 과하다는 의견에 따라 2023년 5월 9일까지 양도하는 보유기간 2년 이상 주택의 경우 중과세하지 않는다.

조정대상지역에서의 다주택자의 중과세율 판정 시기

다주택자의 중과세율 판정 시기는 주택의 양도 시점으로 한다. 1주택자의 비과세 거주 요건 판정 시기와 달리 다주택자의 중과세 판정 시기는 차이가 있다. 취득

당시는 조정대상지역이었다가 양도 시점에는 비조정대상지역인 경우 그리고 취득 시에는 비조정대상지역이었다가 취득 이후 양도 시점에 조정대상지역으로 된 경우에 따라 판단이 달라진다. 다주택 중과세 판단에 있어서는 양도 시점의 중과세로 판단한다.

< 다주택자 중과세 판정시기 : 양도 당시 >

취득 당시	양도 당시	중과세 판단
조정지역	조정지역 해제	중과세 적용 X
비조정지역	조정 지역	중과세 적용 O*

*2023.5.31까지 중과배제

2022년 5월 10일 다주택자의 중과세 일시적 완화

부동산 시장 관리 목적으로 다주택자에게 과도하게 높은 세금을 부과하는 것은 조세원칙에 위배되고 시장에서 주택매매의 장애요인으로 작용한다. 이에 따른 매물 감소와 시장 불안을 완화하기 위해 일시적으로 중과세 제도를 완화하였다.

〈중과세 완화 요건〉

① 보유기간 2년 이상인 조정대상지역 內 주택

② '22. 5. 10.부터 '23. 5. 9.까지 양도하는 경우 중과세하지 않는다.

중과세되지 않는다는 것은 기본세율이 적용되고 장기보유특별공제가 적용된다는 의미이다. 장기보유공제는 1세대 1주택의 최대 80% 적용이 아닌 일반공제인 15년간 최대 30%의 공제율이 적용된다.

2주택이지만 중과세 판단 기준

양도소득세 중과의 조건을 갖췄다고 해서 모두 양도소득세 중과가 되는 것은 아니다. 양도소득세 중과로 판단되기 위해서는 몇 가지 판단 기준을 거쳐야 한다. 2년 이상 보유 주택에 대해 2023년 5월 19일까지 중과세가 유예되지만 기준일 이후에는 중과세가 연장될지 아니면 종료될지, 세법개정 내용에 따라 달라질 수 있다.

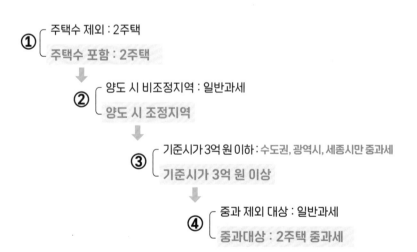

양도소득세를 중과할지 판달할 때 먼저 주택수에 포함되지 않으면 중과세되지 않을 수 있고 기준시가 3억 원 이하인 경우 일정 지역이 아니면 중과세가 되지 않는다. 그리고 중과세 제외대상에 해당되는 경우에도 중과세를 피할 수 있다.

이에 대한 요건을 하나씩 살펴보기로 하자.

① 주택수에 포함되는 것과 포함되지 않는 것

먼저 주택의 수는 세대원을 기준으로 판단한다. 따라서 1세대가 가지고 있는 국내의 모든 주택을 기준으로 판단하여야 한다. 이때 주택에 포함되는 것이 있고 주택에서 제외되는 것이 있다. 이를 도표로 정리하여 보면 다음과 같다.

주택 수 포함	주택 수 미포함
조합원 입주권	2021.1.1 이전 취득 분양권
주거용 오피스텔	비주거용 오피스텔
상속주택 : 지분, 거주, 최연장자	상속주택 소수지분자
공동소유 주택	토지만 보유 주택
주택임대사업자의 등록임대주택	특별법에 의한 미분양주택

조합원 입주권은 주택을 가지고 있다가 재건축, 재개발 등을 위하여 관리처분인가 및 철거 후 입주권으로 권리가 변형된 것이므로 원래 주택을 가지고 있던 것으로 보아 주택 수에 포함된다. 분양권의 경우 당첨되어 아직 아파트를 짓고 있다

고 보므로 잔금 전까지 주택으로 보지 않았다. 그러나 2021년 1월 1일 이후 취득하는 분양권은 주택 수에 포함된다.

오피스텔도 주거용으로 사용하면 주택 수에 포함된다. 비주거용으로 사용한다는 것은 임대인이 임대사업자를 내고 임차인이 사업을 영위하여 오피스텔에서 사업자 등록을 내고 임대료의 세금계산서 수수를 통해 사업용임이 명백히 입증된 경우에만 비주거용, 즉 사업용으로 사용한 것으로 보아 오피스로 판단한다.

상속주택의 경우에는 최대 지분자, 지분이 같은 경우 당해 상속주택에 거주자, 거주하지 않는 경우에는 최연장자의 주택으로 보아 주택수 판단 시 포함된다. 공동소유 주택도 마찬가지이며 토지만을 소유한 경우에는 양도소득세의 주택수에서는 제외된다. 그러나 토지만 보유하는 경우에는 종합부동산세에서는 주택의 부수토지로 보아 종합부동산세 과세대상이 된다.

주택임대사업자의 등록 임대주택을 파는 경우에는 주택수에는 포함된다. 그러나 장기임대주택으로 등록된 주택은 중과제외 주택으로 판단한다. 그리고 임대주택이 아닌 거주주택에 대해서는 비과세의 적용도 가능하다.

② 양도 시 조정대상지역인 경우

양도주택의 조정대상지역의 여부 판단은 양도 시점으로 판단한다. 취득 당시 조정대상지역이 아니었다고 하더라도 양도 당시 조정대상지역으로 바뀌었다면 주택 가격이 많이 올라간 지역이고, 중과세 대상 주택 수로 판단한다. 다만 양도 당시 조정대상지역이라고 하더라도 3억 원이하의 주택인가에 따라 중과세 대상 주택에서 제외될 수도 있다.

③ 양도 시 조정대상지역 3억 원 이하의 기준

수도권 및 광역시와 세종시의 주택은 3억 원 여부에 관계없이 모두 중과세 대상 주택에 포함된다. 그러나 경기도 및 광역시 세종시의 읍·면 지역 중 주택 및 이에 부수되는 토지의 기준시가의 합계액이 3억 원을 이하라면 중과세 대상에서 제외된다.

이 지역의 주택 부수토지가 3억 원을 초과하면 중과세 대상 주택수에 포함된다. 마찬가지로 기타 지역의 주택도 3억 원 이하라면 중과세 대상에서 제외되고 3억 원이 초과될 때 주택 수에 포함된다.

주택	수도권	세종시 읍지역	광역시 군지역
시가	5억 원	6억 원	3억 원
기준시가 예시	2억 원	2억 5천만 원	2억 9천만 원
중과세 주택 수	포함	중과세 제외	중과세 제외
근거	수도권 무조건 포함	세종시 읍지역 3억 원 이하 제외	광역시 군지역 3억 원 이하 제외

주택 수의 판단에 따른 사례는 다음과 같다. 수도권 지역의 시가 5억 원 주택은 기준시가가 2억 원(3억 원 미만)이라고 하더라도 무조건 중과주택 수에 포함된다. 세

종시 읍 지역과 광역시 군지역의 주택은 시가가 아닌 기준시가로 판단하며 기준시가가 3억 원 이하인 경우에는 중과세 주택 수에서 제외된다.

④ 다주택이지만 중과세 제외 판단

양도소득세가 중과될 조건이라고 해서 모두 양도소득세 중과가 되는 것은 아니다. 주택이지만 법으로 중과세에서 제외해주는 주택이 있으며 이는 종류가 매우 다양하므로 다음의 표로 정리하도록 한다.

구 분	3주택 중과 제외 주택	2주택 이상 중과 제외 주택
법률근거	소득세법시행령 167조의 3 ①	소득세법시행령 167조의 10 ①
조 문	1호 : 일정 지역의 3억 원 이하 주택 2호 : 요건갖춘 민간 장기 임대주택 3호 : 조특법 감면대상장기임대주택 4호 : 장기 사원용 주택 5호 : 조특법 양도세감면주택 6호 : 문화재주택 7호 : 상속주택(5년 내 한정) 8호 : 채권변제 취득주택(3년 내) 8의2 : 가정용 어린이집(5년 사용) 9호 : 소형주택 2018.2.3 삭제 10호 : 중과 제외 주택 외 1주택 11호 : 조정지역 공고 전 계약주택 12호 : 중과 한시적 유예주택 13호 : 일시적 2주택 등 특정주택	1호 : 일정 지역의 3억 원 이하 주택 2호 : 3주택 제외 규정의 2호 ~ 8의2 3호 : 취학, 근무, 질병등 부득이한 사유 4호 : 부득이한 사유 수도권 밖 주택 5호 : 동거봉양 합가주택 10년 6호 : 혼인 합가주택 5년 7호 : 소송중 주택(확정판결 3년 내) 8호 : 일시적 2주택 종전주택 9호 : 1억 원 이하 소형주택 10호 : 1호~7호 제외 1주택 11호 : 조정지역 공고 전 계약주택 12호 : 중과 한시적 유예주택 13호 : 상속주택 아닌 일반주택 14호 : 장기임대특례해당 기주주택

이와 같이 3주택의 주택 수 규정의 일부는 2주택의 시행령167조의 10제 ①호의 주택 수 제외 규정에서 준용하므로 2주택 수 제외 규정의 범위가 더 크다.

다주택자의 절세 전략 ①
_비과세

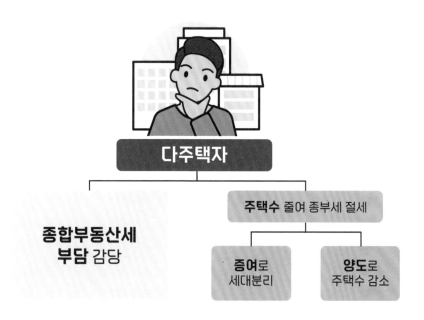

다주택자

종합부동산세
부담 감당

주택수 줄여 종부세 절세

증여로
세대분리

양도로
주택수 감소

다주택의 양도소득세는 처분할 때 내는 것이다. 종합부동산세의 부담이 적은 다주택자라면 종합부동산세를 부담하더라도 차익을 높이기 위해 팔지 않을 것이다. 그러나 종합부동산세가 걱정되는 다주택자라면 두 가지 판단으로 증여하거나 처분해 주택수를 줄여나갈 수 있다. 증여를 통한 세대 분리의 경우는 뒤에서 자세히 설명하기로 하고 양도로 주택수를 줄여 종합부동산세를 줄이는 방법을 논의해 보자. 처분한다면 어떻게 처분하는 것이 유리할까? 일반적으로 다주택자의 주택수는 다음과 같이 고려하여 최대한 일반세율을 적용받을 수 있다.

① 조정대상지역이 아닌 일반지역의 3억 원 이하 주택을 먼저 처분: 일반과세
② 3주택 중과제외 주택을 먼저 처분
③ 2주택 중과제외 주택을 후순위 처분
④ 양도차익이 적은 것을 먼저 처분
⑤ 양도차손이 있는 물건과 같이 처분

이렇게 다섯 가지 방법을 통하여 절세가 가능하다. 이외의 방법들도 있다.

1세대 1주택 비과세 보유·거주기간 재기산 제도 폐지

2022년 5월 10일 이후 양도분부터는 보유와 거주기간이 재기산되는 기존의 세

법 규정을 폐지하였다. 소득세법은 그동안 부동산 가격의 증가로 인한 잦은 개정으로 인해 보유기간과 거주기간의 규정이 신설됐고 이에 대한 신설의 예외 규정들을 추가함으로써 법조문만으로 해석이 어려워졌다.

이러한 어려운 세법은 다주택자의 주택거래를 어렵게 하고 비과세 판단에 있어 세무전문가의 행정 조력에도 어려움을 주고 있다. 법률적 취지와 해석에 관하여 비과세와 비과세가 아닌 것의 판단은 세무 전문가들 사이에서도 케이스별로 견해 차이가 있을 수 있기 때문에 최근의 예규까지 확인하여야 하는 부분이 많다. 납세자로서는 많게는 수억 원까지의 세금 차이를 발생시키고 있으므로 납세자는 반드시 처분 전에 보유 요건과 거주 요건의 검토를 통해 비과세 판단을 확실히 확인하고 처분해야 한다.

그러나 이러한 최종 1주택의 보유기간과 거주기간의 기산 문제는 세법을 너무

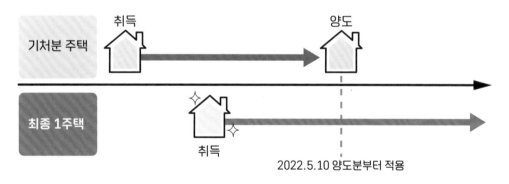

최종 1주택 기산일이 아니라 주택을 실제 보유·거주한 기간을 기준으로 보유·거주기간을 계산

어렵게 만들었다. 세법이 어렵게 된 것은 주택으로 투기를 방지하기 위한 시장관리 목적이었으나, 조세 원칙에 맞지 않게 보유 · 거주기간을 재기산하여 민원이 다수 발생하게 되었다. 그리고 재기산된 보유 · 거주기간 충족 시점까지 매물출회가 지연되고 세입자를 내보내야 하는 전월세 시장의 충격이 있었다. 그래서 주택 수와 관계없이 주택을 실제 보유 · 거주한 기간을 기준으로 보유 · 거주기간을 계산하여 1세대 1주택 비과세 적용한다.

기존의 세법은 2주택 상황에서 주택을 처분하면 양도 시점에서 보유기간을 재기산하도록 하였다. 그러나 2022년 5월 10일 이후 양도 부터는 최종 1주택의 취득 시점부터 실제 보유하고 거주한 기간을 기준으로 1세대 1주택을 판단한다.

다주택자의 절세 전략 ②
_임대주택

다주택자는 임대주택으로 절세가 가능하다. 임대주택은 사업용으로 사용하는 주택이기 때문에 본인이 거주하는 주택을 '거주주택'이라 하여 일정한 요건을 갖춘 경우 양도소득세 미적용이 가능하다. 그리고 임대주택은 요건을 갖춘 경우 종합부동산세 주택에서 제외되어 다주택이지만 종합부동산세의 부담을 줄일 수 있다.

임대사업자의 거주주택 비과세

1세대가 임대주택에 대한 네 가지 요건을 모두 갖추면 거주주택에 대해서 비과세 적용이 가능하다. 그러나 이 경우 거주주택은 반드시 2년 이상 거주 요건을 만족해야 한다. 거주기간은 통산하여 판단하며 양도 시에 반드시 거주하지 않아도 가

< 거주주택 비과세 가능 요건 >

거주주택   임대주택

+

비과세 가능

① 임대 개시일 당시 기준시가 6억 원(수도권밖 3억 원)이하
② 의무 임대기간 준수할 것

'20.7.10 이전'	7.11~8.17 등록	'20.8.18 이후
단기 및 장기	장기	장기
5년 이상	8년 이상	10년 이상

③ 임대료 증액 제한 준수 : 5%
④ 세무서 및 지자체 주택임대사업자 등록할것

능하다. 만약 2년의 거주기간을 채우지 못했다면 거주주택이 비과세되지 않으므로 최대 80%의 장기보유공제를 받을 수 없다.

① 임대개시일 현재 임대주택은 기준시가로 6억 원(수도권 밖은 3억 원) 이하여야 한다. 2020년 7월 11일 이후로는 아파트는 임대사업 주택으로 등록할 수 없기 때문에 아파트는 적용이 되지 않는다.

② 소득세법 시행령 제167조의3에서 규정된 의무 임대기간은 다음과 같다. 이 중 2020년 7월 11일 이후의 임대기간 요건은 같은 법 시행령의 10년 이상 장기일반임대주택에 해당하는 장기임대주택이 적용된다. 이 경우 임대기간은 8년 이상(2020년 8월 18일 이후 등록은 10년 이상) 의무 임대기간을 충족해야만 적용받을 수 있다.

③ 임대주택의 임대료는 5% 이상 올려서는 안 된다.

'임대보증금 또는 임대료 증액 제한 요건 등'이란 다음의 내용을 말한다. 조세특례제한법 시행령 97조의3 제3항에 규정되어 있다. 임대보증금 또는 임대료의 증가율이 100분의 5를 초과하지 않을 것. 이 경우 임대료 등 증액 청구는 임대차계약 또는 약정한 임대료 등의 증액이 있은 후 1년 이내에는 하지 못하고, 임대사업자가 임대료 등의 증액을 청구하면서 임대보증금과 월 임대료를 상호 간에 전환하는 경우에는 기준을 준용한다. 참고로 임대료 증액 제한 의무를 위반하면 3,000만 원 이하의 과태료가 부과된다.

④ 세무서 및 지자체에 임대사업자 등록을 해야 한다.

임대사업자등록을 위해서는 렌트홈 서비스를 통하거나 지자체 등을 방문하여 임대사업자 등록을 해야 한다. 그리고 세무서를 통하여 사업자 등록도 마쳐야 한다.

전월세전환

전월세전환율이란?

보증금의 전부 또는 일부를 월 단위의 차임인 월세로 전환하는 경우의 비율을 말한다. 전월세전환율은 임대차 계약기간 내 또는 계약갱신 때 전세를 반전세나 월세로 전환하는 경우 적용되며, 신규계약에는 적용되지 않는다.

전월세전환율 한도

주택과 상가의 전월세전환율은 대출금리와 경제여건 등을 고려해 정한 비율과 한국은행 기준금리에 일정 이율을 더하거나 곱한 비율 중 작은 것을 한도로 한다.

주택 : MTN[한국은행 기준금리 + 2%, 10%]

[주택임대차보호법 제7조의2 및 주택임대차보호법 시행령 제9조]

임대사업자   → 지자체 등 방문   임대사업자 등록   → 세무서 방문   사업자등록증 발급

두 가지 절차가 마무리되어야만 임대사업이 개시된다.

현재 임대를 하고 있는 주택소유자가 임대사업을 하기 위해서는 지방자치단체의 임대주택 등록을 하여 임대사업자로 승인을 받고 세무서에서 임대사업자 등록증을 받는다. 의무임대개시일은 임대사업자 신청일이 아닌 임대사업자 등록일로 판단하므로 매년 6월 1일 전에 등록이 되어야 종합부동산세 등에 합산이 되지 않는다.

거주주택 비과세의 평생 1회 제한

거주주택 비과세 특례는 2019년 2월 11일 이전에 취득주택은 횟수에 제한 없이 거주주택 비과세를 적용받을 수 있었다. 이를 통해 비과세를 받고 임대주택을 거주로 전환하여 또 비과세를 받는 등의 순차적으로 비과세를 받을 수 있었다. 그러나 2019년 2월 11일 이후 취득한 주택에 대해서는 평생 1회에 대하여 비과세를 적용받을 수 있다.

A주택은 거주주택으로 비과세 받을 수 있으나 B주택은 전체 양도차익에 대해 과세한다. C주택은 최종 1주택이므로 임대주택기간을 제외한 2안에 대하여 비과세를 적용한다.

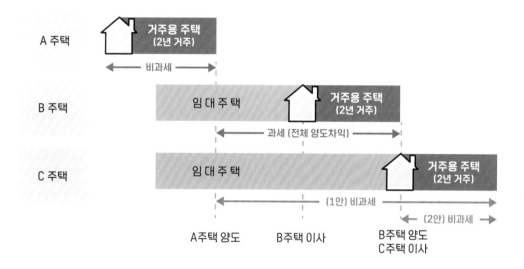

임대주택 자진말소 시 거주주택 비과세

단기임대주택이나 장기임대주택이 기한의 종료로 자동말소되거나 법령의 폐지로 인하여 자진말소하는 경우에도 거주주택 비과세 특례를 적용받을 수 있다. 이 경우 임대주택은 폐지되는 임대주택의 거주주택 비과세 요건은 다음과 같다.

① 폐지되는 임대주택 기준에 해당할 것

② 의무 임대기간의 1/2 이상을 임대하였을 것^(자진말소)

③ 자진말소일로부터 5년 이내에 임대주택을 양도할 것

④ 자진말소일 현재 가액요건 및 증액제한 요건을 충족할 것

입주권과 분양권
절세 전략 세우기

조합원 입주권이란 도시및주거환경정비법 제48조의 규정에 따른 관리처분계획의 인가로 인하여 취득한 입주자로 선정된 지위를 말한다.

조합원 입주권과 분양권의 차이

입주권이란 쉽게 말하면 원래 집을 가지고 있는 사람이 재개발·재건축의 사업으로 인하여 집을 철거하고 새롭게 새 건물을 분양받을 수 있는 권리이다. 도시및주거환경정비법 제48조의 규정에 따르면 입주권은 관리처분계획의 인가로 인하여 취득한 입주자로 선정된 지위, 즉 입주할 수 있는 권리를 말한다. 따라서 조합원 입주권은 원래 집이 있던 사람이었으므로 세법에서도 집으로 가정하고 입주권에 대한 비과세 규정도 적용이 된다.

구 분	입주권	분 양
권리 취득	기존 주택의 관리처분인가 시	분양권 취득 시
주택수 포함	포함됨	2021.1.1. 이후 취득분 포함됨
비과세 가능 여부	일정요건 충족 시 가능	비과세 적용 안 됨

분양권은 말 그대로 주택을 신규로 받을 권리이다. 세법에서는 다음과 같이 분양권을 정의한다. 분양권은 주택법 등 대통령령으로 정하는 법률에 따른 주택에 대한 공급계약을 통하여 주택을 공급받는 자로 선정된 지위를 말한다.

분양하는 신규 아파트의 청약이 당첨되면 새 아파트에 들어가기 전까지 권리를 갖게 되는데 이것이 분양권이다. 세법에서는 분양권은 주택으로 보지 않는 것이 그동안의 견해였지만, 2021년 1월 1일 이후 취득하는 분양권은 주택으로 본다.

따라서 입주권은 비과세가 가능하지만 분양권은 비과세 적용이 되지 않는다.

조합원 입주권이 1세대 1주택 비과세 받을 수 있을까?

소득세법 제89조제1항에는 조합원 입주권이 비과세 혜택을 받을 수 있는 두

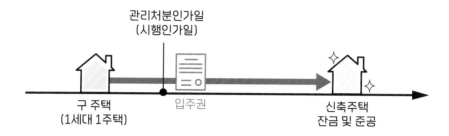

관리처분인가일
(시행인가일)

구 주택
(1세대 1주택)

입주권

신축주택
잔금 및 준공

① 입주권 : 원래 1세대 1주택 = 비과세
② 입주권 포함 일시적 2주택 : 원래 1세대 1주택 = 비과세

가지 요건을 소개하고 있다. 조합원이 입주권 비과세 혜택을 받기 위해서는 원래 1세대 1주택이 입주권으로 전환된 경우가 있다. 원래 원조합원이 관리처분인가일 현재 1세대 1주택인 경우에는 입주권으로 전환된 경우에도 비과세 적용이 가능하다. 마찬가지로 신규 주택으로 이사 등을 가기 위해 취득하는 조합원 입주권도 주택으로 보아 일시적 2주택으로 비과세 적용이 가능하지만 승계조합원은 관리처분인가일 이후에 권리를 이전받았으므로 주택의 보유 사실이 없어 비과세 적용이 인정되지 않는다.

4. 조합원입주권을 1개 보유한 1세대[「도시 및 주거환경정비법」 제74조에 따른 관리처분계획의 인가일 및 「빈집 및 소규모주택 정비에 관한 특례법」 제29조에 따른 사업시행계획인가일(인가일 전에 기존주택이 철거되는 때에는 기존주택의 철거일) 현재 제3호 가목에 해당하는 기존주택을 소유하는 세대]가 다음 각 목의 어느 하나의 요건을 충족하여 양도하는 경우 해당 조합원입주권을 양도하여 발생하는 소득. 다만, 해당 조합원입주권의 양도 당시 실지거래가액이 12억원을 초과하는 경우에는 양도소득세를 과세한다. (2021. 12. 8. 단서개정)

> 적용시기 법 89조 1항 4호 각 목 외의 부분 단서의 개정규정은 2021. 12. 8. 이후 양도하는 조합원입주권부터 적용함. (법 부칙(2021. 12. 8.) 7조 5항)　　　　　　　　　　　　　　　　　　　　　　　　　　　　　　 닫기

가. 양도일 현재 다른 주택 또는 분양권을 보유하지 아니할 것 (2021. 12. 8. 개정) 적용시기

나. 양도일 현재 1조합원입주권 외에 1주택을 보유한 경우(분양권을 보유하지 아니하는 경우로 한정한다)로서 해당 1주택을 취득한 날부터 3년 이내에 해당 조합원입주권을 양도할 것(3년 이내에 양도하지 못하는 경우로서 대통령령으로 정하는 사유에 해당하는 경우를 포함한다) (2021. 12. 8. 개정) 적용시기

조합원 입주권과 분양권의 세율 적용

1세대 1주택 비과세 적용을 받지 못하는 분양권과 입주권은 주택이 아닌 권리에 대한 세율을 적용받는다. 그리고 분양권이므로 주택이 아닌 단기 보유에 대한 중과세가 적용된다.

양도소득세율(지방소득세별도)		
1년 미만	주택·입주권·분양권	70%
	그 외	50%
1~2년	주택·입주권·분양권	60%
	그 외	40%
2년 이상	기본세율 (분양권 60%)	

최근 세법은 2021년 6월 1일 이후에 단기 차익에 대한 세율을 강화하였다. 입주권이나 분양권은 1년 미만인 경우에 70%의 세율이 과세된다. 즉 단기 투자를 하지 말라는 것이다. 1년 이상~2년 미만인 입주권도 60%의 세율이 적용된다. 승계조합원이나 분양권 보유자들은 단기 양도에 특히 유의하여야 한다. 특히 분양권은 2년 이상의 보유한 경우에도 60%의 세율을 부과하여 분양권인 상태로 양도하는 것은 불리하도록 개정하였다.

상가건물 양도할 때
주의해야 할 부가세 10%

상가건물 등을 처분할 때는 주택의 비과세처럼 복잡한 것은 없지만 몇 가지 더 고려할 사항들이 있다. 일반적인 양도소득세의 계산 구조는 비슷하나 건물은 다음의 항목에 특히 유의하여야 한다.

< 건물 양도 시의 세금과 주의사항 >

	양도가액
-	취득가액
-	필요경비
=	양도차익
-	장기보유특별공제
=	양도소득금액
-	양도소득기본공제
=	양도소득과세표준
x	세 율
=	**양도소득산출세액**

① 전체 지분 중 건물분 부가세 문제

② 자체공사로 취득가액 없는 경우

③ 감가상각비를 연중 비용 처리한 경우 취득가 제외

장기보유특별공제율												
연수	3년	4년	5년	6년	7년	8년	9년	10년	11년	12년	13년	14년	15~
부동산	6%	8%	10%	12%	14%	16%	18%	20%	22%	24%	26%	28%	30%

④ 차손이 나온 건물과 같은 해 처분 시 절세

⑤ 단기 양도 시 세율 높음에 유의

① 건물분 부가가치세의 문제

주택과 달리 상가건물은 전체가액 중 토지를 제외한 건물분에 대해서 10%의 부가가치세를 내야 한다. 상가를 양도하고 이 부분을 놓쳐서 부가가치세가 추가로 나오는 경우가 간혹 있다. 주택의 경우는 부가가치세가 나오지 않지만 사업용 건물의 양도 시에는 건물의 해당가액에 부가가치세를 내야 한다.

상가건물의 부가가치세는 건물가액의 10% 해당하므로 금액도 매우 큰 편이다. 50억 원 상가의 경우 건물가치가 20억 원이고 대지가치가 30억 원이라고 한다면 20억 원의 10%인 2억 원의 부가가치세를 내야 한다. 이런 준비를 못한다면 매도인은 큰 곤경에 처하게 된다. 상가건물의 부가가치세 부담을 면하기 위해서는 포괄양수도 계약을 통하는 방법이 있다.

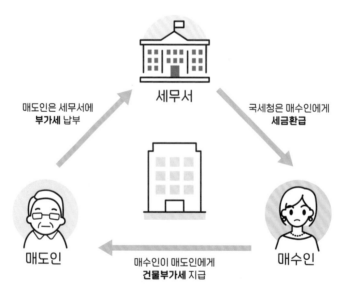

세무서

매도인은 세무서에 **부가세** 납부

국세청은 매수인에게 **세금환급**

매도인

매수인이 매도인에게 **건물부가세** 지급

매수인

그림과 같이 매수인은 인수대금과 함께 건물분에 해당하는 부가가치세를 매도인에게 지급하여야 한다. 그리고 매도인은 부가가치세를 세무서에 납부해야 하며 세무서는 매수인에게 부가가치세를 환급하여 주는 절차를 겪게 된다. 국가의 세수 입장에서는 아무런 세수에 대한 이득이 없고 건물 매수인은 부가가치세를 미리 내고 나중에 환급받는 금융비용을 부담하게 된다. 따라서 세법에서는 포괄양수도 계약서를 작성함으로써 매수자가 건물부가세를 지급하지 않아도 되고 매도인은 이를 받아 세무관서에 납부하지 않아도 된다.

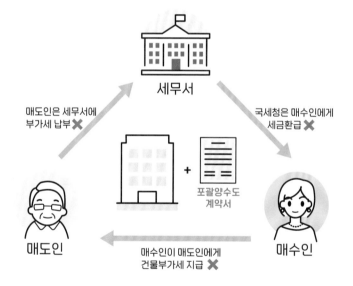

② 자체 공사로 취득가액이 없는 경우

토지를 취득하고 건물은 자가 신축하는 경우가 많아 시간이 오래 지나고 매도를 하게 되면 취득가액에 대한 근거가 없는 경우가 많다. 이렇게 취득가액이 없어 어려운 경우는 어떻게 할까? 소득세법 97조에서 취득가액은 다음의 순서로 적용한다.

　가. 각 자산 취득에 든 실지거래가액

　나. 대통령령으로 정하는 매매사례가액, 감정가액 또는 환산취득가액을 순차적으로 적용한 금액을 적용한다.

　계약서가 없더라도 증빙사실이 입증되면 가능하다. 취득가액공사 계약서가 없어 취득가액을 입증하지 못하더라도 은행계좌 등을 통해 실제로 입금한 내용이 있다거나 확인증을 써 놓은 것이 있다면 취득가액으로 인정이 가능하다. 그러나 이 경우 공사업자가 공사한 사실에 대해 매출을 누락한 경우에는 매출을 누락한 공사업체에 소득세가 추징될 수 있다.

　취득가액을 기준시가로 환산하는 방법이 있다. 취득가액을 알 수 없는 경우 이에 대한 매매 사례가액도 아파트가 아닌 경우에는 알 수 없다. 실거래가 공시시스템이나 등기부등본에 실거래가액이 확인되기 이전에 취득한 부동산은 취득가액을 알기 어렵다. 특히 실거래가 신고가 도입된 2007년 이전의 취득한 물건은 당시 공시지가를 신고하도록 하였으므로 취득가액을 알기 더 어렵다.

이런 경우에는 취득가액을 양도 당시의 기준시가와 취득 당시의 기준시가의 비율로 안분하여 계산한다. 다만 이 경우에는 두 가지 불이익이 있는데, 첫째 양도소득세에 환산가액에 대한 가산세 5%를 더하여 내야 한다. 둘째 취득세를 실제로 냈다고 하더라도 필요경비 개산공제를 적용한다. 이는 실제 적용 시 필요경비보다 유리할 수도 있고 불리할 수도 있다.

구 분		필요경비개산공제액
토지		취득당시의 **개별공시지가 × 3%**(미등기양도자산 0.3%)
건물	일반적인 건물	취득당시의 **국세청장의 고시가액 × 3%**(미등기양도자산 0.3%)
	지정지역 내 오피스텔 및 상업용 건물	취득당시의 **국세청장의 일괄고시가액 × 3%**(미등기양도자산 0.3%)
	주택(건물 + 부수토지)	취득당시의 **개별주택가액** 또는 **공동주택가액 × 3%**(미등기양도자산 0.3%)
지상권, 전세권, 등기된 부동산 임차권		취득당시의 **기준시가 × 7%**
위 이외의 자산		취득당시의 **기준시가 × 7%**

③ 감가상각비의 비용 처리와 장기보유공제

건물을 유지하면서 소득세를 낮추기 위해 감가상각을 할 수 있다. 그런데 '과연 이런 감가상각을 하는 것이 유리할까?'라는 고민을 할 수 있다. 개인 건물 투자자

는 매년 종합소득세를 신고할 때 감가상각을 하는 경우와 하지 않는 경우 다음과
같이 판단할 수 있다.

감가상각비	소득세 영향	양도세 영향
감가상각 하는 경우	종합소득세 비용 인정됨 종합소득세 부담 감소	양도소득세 필요경비에서 차감 양도소득세 부담 증가
감가상각 안 하는 경우	임대소득에서 비용인정 안 됨 종합소득세 부담 증가	양도소득세 필요경비에서 차감 안 됨 양도소득세 부담 감소
절세효과 유리한 경우	이자비용이 크거나 다른 소득이 없어 종합소득세 부담이 적은 경우 감가상각 안 하는 것이 유리	감가상각 하지 않아도 양도소득세는 장기보유공제를 받으므로 유리

먼저 근로소득이나 다른 소득이 많은 임대사업자라면, 감가상각을 하는 것이
유리하다. 종합소득 세율이 높은 경우에는 감가상각을 하는 만큼 소득이 줄어들게
되므로 감가상각을 하는 것이 유리하다.

장기보유특별공제율												
연수	3년	4년	5년	6년	7년	8년	9년	10년	11년	12년	13년	14년	15~
부동산	6%	8%	10%	12%	14%	16%	18%	20%	22%	24%	26%	28%	30%

감가상각을 하기 위해 고려해야 하는 것은 장기보유공제이다. 장기적으로 15년
이상 자산을 보유하게 되면 장기보유공제를 최대 30%까지 받을 수 있다. 이 경우
에는 감가상각을 하는 것보다 장기보유공제를 받는 것이 더 유리할 수 있다.

④ 차손이 있는 건물이 있는 경우의 절세 방법

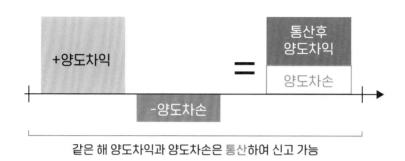

같은 해 양도차익과 양도차손은 통산하여 신고 가능

건물을 취득하면 이익만 있는 것이 아닐 수 있다. 일부 상가 등의 경우에 대지 지분이 없는 부동산은 토지와 건축물의 가치로 이루어진다. 토지 가격은 물가상승에 따라 올라가나 건축물에 대한 가치는 감가상각되므로 매년 가치가 낮아진다. 경우에 따라 오피스텔 등 토지 면적이 적고 건물 면적이 높은 부동산은 토지의 상승효과보다 건축물의 가치 하락이 클 수 있고 이 경우 취득가액보다 매매가액이 떨어져서 손실이 날 수 있다. 양도소득세는 1년간 몇 개의 건물을 팔더라도 합산하여 과세된다. 이 경우 손실이 난 경우에는 같은 해의 이익이 난 건물에서 손실이 난 건물을 제하고 위 그림에서와 같이 차익이 난 자산과 차손이 난 자산을 같은 해에 양도하게 되면 손실 부분을 제외한 나머지 통산 후 양도차익에 대해서만 세금을 내게 된다. 소득세법 제167조의2(양도차손의 통산에 의하면 양도차손은 다음 각호의 자산의 양도소득금액에서 순차로 공제한다.)

1) 양도차손이 발생한 자산과 같은 세율을 적용받는 자산의 양도소득금액

2) 양도차손이 발생한 자산과 다른 세율을 적용받는 자산의 양도소득금액. 이때 다른 세율을 적용받는 자산의 양도소득금액이 두 개 이상인 경우에는 각 양도소득금액의 비율로 안분하여 계산한다.

⑤ 단기 양도 시 세율의 문제

개인 임대사업자는 자산을 단기에 양도하면 안 된다. 단기에 양도하면 양도소득세율이 중과되기 때문이다. 2년 이상 보유 시에 양도소득세율은 기본세율로 적용되나 2년 미만인 경우에는 40% 세율로 과세되고 1년 미만인 경우에는 50%의 세율이 적용된다. 각 세율에는 지방소득세 10%가 추가로 과세된다.

양도소득 기본세율		
과세표준	세 율	누진공제
1,400만 원 이하	6%	0
5천만 원 이하	15%	108만 원
8,800만 원 이하	24%	522만 원
1억 5천만 원 이하	35%	1,490만 원
3억 원 이하	38%	1,940만 원
5억 원 이하	40%	2,540만 원
10억 원 이하	42%	3,540만 원
10억 원 초과	45%	6,540만 원

+

보유기간	적용세율
1년 미만	50%*
2년 미만	40%*
2년 이상	기본세율

*2개 이상의 세율에 해당하는 때에는 각각의 산출세액 중 큰 것
(예:기본세율과 40% 경합 시 큰 세액 적용)

위 그림과 같이 2년 이상의 경우에는 기본세율로 마무리된다. 그러나 보유기간이 적으면 40% 및 50%의 세율이 적용된다. 이 경우 양도차익이 큰 경우에는 세율이 두 개가 걸치게 되는데 각 세금을 계산하여 큰 세액으로 비교과세 하게 된다.

예를 들어 양도 차익이 10억 원을 초과하고, 보유 기간이 1년 미만일 경우에는 기본소득세율 45%와 적용세율 50% 중 큰 세액인 50%를 적용한다. 단기로 양도하는 경우에는 개인보다는 법인이 유리하다.

상가건물 처분 시
개인 vs 법인

장기보유는 개인이 유리, 단기차익 실현은 법인이 유리

개인의 건물 등 빌딩 단기 처분은 보유 기간이 1년 미만의 경우 50%의 중과세가 적용된다. 특히 주택이나 분양권 입주권은 60%의 양도차익에 대한 세금을 내게 된다.

양도소득세율(지방소득세 별도)		
1년 미만	주택·입주권·분양권	70%
	그 외	50%
1~2년	주택·입주권·분양권	60%
	그 외	40%
2년 이상	기본세율 (분양권 60%)	

그러나 법인은 1년뿐 아니라 2년의 단기차익이라도 2억 원 이하 10%를 초과하는 경우에도 법인세 20%만 내면 된다. 법인세는 이익에 해당하는 과세표준 200억 원 이하의 구간에서는 20%의 비교적 적은 금액을 부담하도록 하기 때문이다.

법인세율(지방소득세 별도)

과세표준	세 율	누진공제
2억 원 이하	**10**%	0
200억 원 이하	**20**%	2천만 원
3천억 원 이하	**22**%	4억 2천만 원
3천억 원 초과	**25**%	94억 2천만 원

토지 비사업용 적용과 절세하기

토지는 어떻게 사용하느냐에 따라 양도 시에 사업용과 비사업용 토지로 나뉜다. 따라서 토지에 투자할 경우에는 내가 사업용으로 토지를 사용할 수 있는지 아니면 비사업용으로 사용할 수밖에 없는지를 검토해야 한다. 토지는 환금성이 아파트나 상가 등에 비하여 현저히 떨어질 수 있으므로 장기적인 관점에서 판단해야 하고 그래서 사업용과 비사업용의 판단이 중요하다.

비사업용 토지의 불이익

구 분		보유기간	세 율	비 고
비사업용 토지	지정지역 ('18.1.1.이후)	1년 미만	50% 비사업용토지세율* + 10%p	中 큰 세액
		2년 미만	40% 비사업용토지세율* + 10%p	中 큰 세액
		2년 이상	비사업용토지세율* + 10%p	(경합없음)
	일반지역	1년 미만	50% 비사업용토지세율*	中 큰 세액
		2년 미만	40% 비사업용토지세율*	中 큰 세액
		2년 이상	비사업용토지세율*	(경합없음)

* 비사업용토지세율 : 기본세율 + 10%p(소득세법 제104조제1항의8)

비사업용 토지가 되면 세율 면에서도 10% 더 불리해진다. 당초 정부는 세법 개정안을 2022년 1월 1일 이후 양도하는 비사업용 토지에 대해서는 20%p 중과세율 적용과 장기보유특별공제 배제할 것이라고 발표하였으나, 결국 통과되지는 않았다. 토지의 가격이 오르는 상황에서는 비사업용 토지에 대한 규제는 늘 반복될 수 있음에 유의해야 한다. 사업용과 비사업용의 판단은 각 토지의 세목별로 차이가 있는데 여기에서는 농지와 임야, 대지에 대한 사업용 토지의 판단을 알아보기로 하자.

사업용·비사업용 판단 기준

사업용 토지는 보유기간 동안 사업의 요건을 갖추어야 한다. 예를 들어 지목이 농지라면 아래의 보유기간 중에 농지의 기본 요건인 재촌 요건과 자경 요건을 만족하면 사업용이 된다. 보유기간은 세 가지 중 하나만을 충족해도 사업용이 된다.

토지의 소유기간	기간요건
3년 미만	① **토지의 소유기간에서 2년을 차감**한 기간을 초과하는 기간 ② **토지의 소유기간의 40%**에 상당하는 기간을 초과하는 기간
5년 미만	① **토지의 소유기간에서 3년을 차감**한 기간을 초과하는 기간 ② 양도일 직전 **3년 중 1년을 초과**하는 기간 ③ **토지의 소유기간의 40%**에 상당하는 기간을 초과하는 기간
5년 이상	① 양도일 직전 **5년 중 2년 초과**하는 기간 ② 양도일 직전 **3년 중 1년을 초과**하는 기간 ③ **토지의 소유기간의 40%**에 상당하는 기간을 초과하는 기간

법조문이 네거티브로 규정되어 해석이 어려울 수 있다. 위의 표를 해석하자면 보유기간 요건은 다음과 같이 요약할 수 있다. 토지의 최종 보유기간 동안 중 셋 중 하나에 해당된다면 사업용이다.

① 양도일 직전 5년 중 3년의 기간
② 양도일 직진 3년 중 2년의 기간

③ 총 보유기간 중 60%의 기간

해당 기간에 각 토지의 지목별 사업용 요건을 갖추면 사업용 토지로 인정받을 수 있다.

농지의 요건

토지가 사업용 기간에 충족하고 소유자가 재촌자경을 하는 농지는 사업용 토지로 본다. 도시 지역의 농지는 비사업용 농지로 보지만, 도시 지역이라도 일정요건의 도시 지역 편입 후 3년간은 비사업용 토지로 보지 않는다. 농지에 대한 비사업용토지의 판단 기준은 다음과 같다.

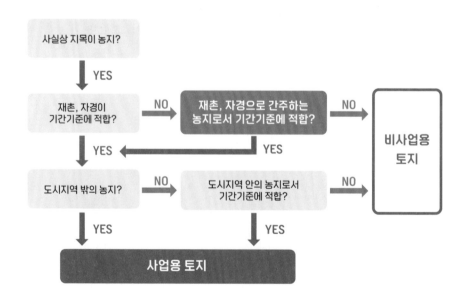

농지의 사업용 여부를 판단하기 위해 재촌 요건과 자경 요건을 파악하는 것은 매우 중요하다.

① 재촌 요건

재촌이라는 것은 동일한 시군구 또는 연접하여 이웃한 시군구에 거주하여야 한다. 이런 지역이 아니더라도 농지로부터 직선거리인 30km 이내에 거주하여야 한다. 주민등록만 이전해놓는 것은 인정되지 않으며 사실상 거주하여야 재촌 요건이 인정된다.

② 자경 요건

자경 요건이라는 것은 스스로 농사를 짓는다는 의미이다. 해당 농지에서 농작물을 경작하거나 농작업의 1/2 이상을 자기 노동력에 의해 경작하여야 한다. 따라서 소작을 주는 것은 인정되지 않고 배우자가 농사를 짓는 것도 인정되지 않는다. 자경 요건을 갖추기 위해서는 증빙을 평소에 잘 갖추어야 한다.

증빙 목록

농협조합원 등록

종자, 묘목, 농약 구입 영수증 및 연도별 구매내역

농기구 구입 영수증

직불금 수급 확인(통장 입금내역)

농지소재지 면장, 통장 자경사실 확인서

③ 농지의 감면 혜택

8년간 재촌자경 하는 양도일 현재의 농지를 양도하는 경우에는 양도소득세액의 100%를 감면하여 준다. 다만 1년에 1억 원, 5년간 2억 원을 한도로 감면한다.

임야의 사업용·비사업용 판단 기준

임야는 지목이 임야로 되어 있는 토지로 사업용으로 인정되는 기준은 다음과 같다.

① 공익을 위하여 필요하거나 산림의 보호·육성을 위하여 필요한 임야

② 임야 소재지에 거주하는 자가 소유한 임야라 함은 임야의 소재지와 동일한 시군구, 그와 연접한 시군구 또는 임야로부터 직선거리 30km 이내에 있는 지역에 주민등록이 되어 있고 사실상 거주하는 자가 소유하는 임야

③ 토지의 소유자, 소재지, 이용 상황, 보유기간 및 면적 등을 고려하여 거주 또

는 사업과 직접 관련이 있다고 인정할 만한 상당한 이유가 있는 임야는 사업용으로 판단된다.

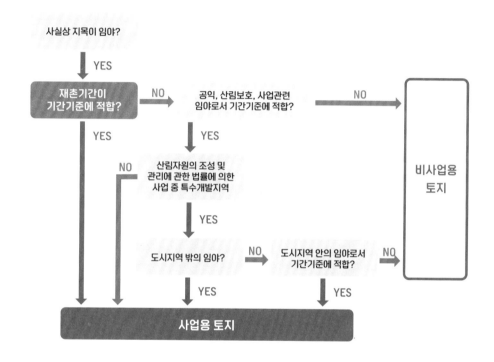

대지의 사업용·비사업용 판단 기준

대지는 건물을 지어야 하는 땅이다. 대지는 종합합산과세대상으로 분류되면 대부분 비사업용 토지로 볼 수 있다. 이 경우 5억 원 이상의 종합합산토지는 종합부동산세가 과세될 수 있으므로 별도합산토지로 만들기 위해 건물이나 주차장 등의 용도로 사용하는 방법으로 절세할 수 있다. 별도합산토지는 종합부동산세 한도가 80억 원이므로 별도합산에 비해 월등히 유리하다.

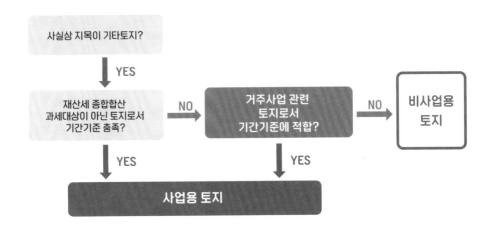

유료주차장은 수입 금액이 토지가액의 3% 이상 유지되어야 한다는 점에 유의해야 한다. 하치장 · 야적장 · 적치장 등으로 물품의 보관, 관리를 위해 별도로 설치 · 사용하는 것도 사업용 토지로 인정받을 수 있다.

Q. 2022년 개정된 양도소득세법이 궁금합니다.

A. 개정된 양도소득세법을 요약하여 드리면 다음과 같습니다.

① 조합원입주권 취득과 대체주택 양도 시 비과세대상 정비사업 범위 확대[13]

• 조합원입주권을 취득할 수 있는 정비사업의 범위와 사업 시행기간 중 거주를 위해 취득한 대체주택을 양도하는 경우 1세대 1주택 비과세대상이 되는 정비사업의 범위에 「빈집 및 소규모주택 정비에 관한 특례법」에 따른 자율주택정비사업, 가로주택정비사업 및 소규모재개발사업을 추가하였습니다.

② 고가 주택 비과세 기준을 12억 원으로 상향조정, 비과세 확대

고가 주택, 고가 조합원입주권금액 기준을 법률에 정하고 기준금액을 9억 원에서 12억 원으로 상향하였습니다. 이는 2021년 12월 8일 이후 양도분부터 적용합니다.[14]

③ 조합원입주권 양도 시 분양권도 없는 경우만 비과세[15]

조합원입주권을 양도하는 경우 다른 주택이나 조합원 입주권뿐만 아니라 분양권도 보

---

13   소득세법 제88조제9항, 제89조제2항 단서
14   소득세법 제89조제1항
15   소득세법 제89조제1항

유하지 아니하는 경우에만 양도소득세 비과세를 적용합니다.

④ 다주택자 양도소득세 중과 1년간 한시 배제

보유기간 2년 이상인 조정대상지역 內 주택을 2022년 5월 10일부터 2023년 5월 9일까지 양도 시 기본세율이 적용되고 장기보유특별공제가 적용됩니다.

⑤ 1세대 1주택 비과세 보유·거주기간 재기산 제도 폐지

 2022년 5월 10일 이후 양도 시 주택 수와 관계없이 주택을 실제 보유·거주한 기간을 기준으로 보유·거주기간을 계산하여 1세대 1주택 비과세 적용합니다.

⑥ 이사 등으로 인한 일시적 1세대 2주택 비과세 요건 완화

 종전·신규 주택 모두 조정대상지역인 경우 종전 주택 양도기한을 1년에서 2년으로 완화하고, 세대원 전원 신규 주택 전입요건을 삭제하였습니다. 조정대상지역 이외의 경우 등은 양도기한 3년을 유지합니다.

Q. "상생임대주택"으로 운영된 모든 보유주택이 양도소득세 비과세 거주 요건 2년+
   장특공제 거주 요건 2년이 면제되는 것인가요?

A. 아닙니다. 상생임대주택으로 운영된 주택으로서 최종적으로 양도되는 1주택의 거주
   요건만 면제되는 것입니다.

조정대상지역 1세대 3주택자인 임대인인 경우

구 분		주택A	주택B	주택C
취득 시점		2018년	2019년	2020년
양도 시점		2022년	2024년	2026년
과세	여부	과세	과세	2년 거주시 비과세 (1세대 1주택)
양도 시 2년 거주 요건		-	-	**상생임대주택인 경우 2년 거주요건 면제**

Q. "상생 임대차계약"으로 인정받기 위해서는 "직전 임대차계약" 대비 '임대료 5% 이하' 인상을 준수해야 하는데, 이때 "직전 임대차계약"이 무엇인가요?

A. "직전 임대차계약"이란 거주자 갑(甲)이 주택을 취득한 후, 임차인과 새로이 체결한 계약을 의미합니다. 즉 갑이 주택을 취득하기 전 종전 임대인을(乙)과 임차인 병(丙) 사이에 체결된 계약을 甲이 승계받은 경우는 "직전 임대차계약"에 해당하지 않습니다.

Q. "직전 임대차계약"과 "상생 임대차계약"의 임차인이 동일해야 하나요?

A. 아닙니다. "직전 임대차계약"과 "상생 임대차계약"의 임대인은 동일해야 하지만 임차인은 달라도 무방합니다. 즉 임차인이 변경되어도 임대료 5% 이하 인상을 준수하면 됩니다.

Q. "상생 임대차계약"을 언제까지 체결해야 "상생임대주택"으로 인정받을 수 있나요?

A. 2021년 12월 20일부터 2024년 12월 31일까지의 기간 중 체결해야 하며, 계약금을 실제로 지급받은 사실이 확인되어야 합니다.

Q. 계약갱신청구권 행사에 따른 계약도 "상생 임대차계약"으로 인정되나요? 등록임대주택사업자의 임대주택도 "상생임대주택"이 될 수 있나요?

A. 둘 다 가능합니다.

Q. 임대주택이 다가구주택*인 경우 "상생임대주택"으로 인정받기 위해 각 호(세대)별로 "상생 임대차계약"을 체결해야 하나요?

A. 추후 양도계획에 따라 다릅니다. 다가구주택 전체를 양도할 계획인 경우 모든 호와 상생 임대차계약을 체결해야 합니다. 그러나 다가구주택을 호별로 양도할 계획인 경우 각 호별로 상생 임대차계약 체결 여부에 따라 상생임대주택으로 인정받을 수 있습니다.

*세대 수가 19세대 이하 등 건축법 시행령 별표1제1호 다목에 해당하는 주택

Q. "직전 임대차계약"에 따른 의무 임대기간 1년 6개월과 "상생 임대차계약"에 따른 의무 임대기간 2년은 어떻게 판정하나요?

A. 해당 계약에 따라 실제 임대한 기간을 기준으로 판정합니다.

① 2년 계약하였으나, 합의 등을 통해 1년 7개월만 실제 임대한 경우

< 직전 임대차계약에 따른 의무임대기간 인정 사례 >

구 분	사례❶	사례❷	사례❸
계약기간	2년	2년	1년
실제 임대기간	1년 7개월	2년 2개월	2년
의무 임대기간	**인 정**	**인 정**	**인 정**

② 2년 계약하였으나, 서로 합의 등을 통해 2개월 더 임대한 경우

③ 1년 계약하였으나, 묵시적 갱신[16] 등으로 신규 계약체결 없이 실제 2년 임대한 경우

< 직전 임대차계약에 따른 의무임대기간 불인정 사례 >

구 분	사례❹	사례❺	사례❻
계약기간	2년	1년	1년
실제 임대기간	1년	8개월	1년 2개월
의무 임대기간	불 인 정	불 인 정	불 인 정

④~⑥ 실제 임대기간이 1년 6개월에 미치지 못하는 경우

"상생 임대차계약에 따라 임대한 기간이 2년 이상"이어야 하므로, 계약기간과 임대기간

이 상이한 경우 실제 임대기간을 기준으로 판정합니다.

① 3년 계약하였으나, 합의 등을 통해 2년 6개월만 실제 임대한 경우

② 2년 계약하였으나, 서로 합의 등을 통해 2개월 더 임대한 경우

---

16   주택임대차보호법 제6조

③ 1년 계약하였으나, 묵시적 갱신[17] 등으로 신규 계약체결 없이 실제 2년 임대한 경우

< 상생 임대차계약에 따른 의무임대기간 인정 사례 >

구 분	사례❶	사례❷	사례❸
계약기간	3년	2년	1년
실제 임대기간	2년 6개월	2년 2개월	2년
의무 임대기간	인 정	인 정	인 정

④~⑥ 실제 임대기간이 2년에 미치지 못하는 경우

< 상생 임대차계약에 따른 의무임대기간 불인정 사례 >

구 분	사례❹	사례❺	사례❻
계약기간	2년	1년 6개월	1년
실제 임대기간	1년	1년	1년 6개월
의무 임대기간	불 인 정	불 인 정	불 인 정

Q. 조정대상지역 내 종전 주택을 보유한 1세대가 2018년 9월 13일 이전에 취득한 조
정대상지역 내 분양권(1/2지분)을 2018년 9월 14일 이후 배우자에게 증여하는 경
우, 일시적 1세대 2주택 보유 허용기간이 3년에서 2년으로 단축되나요?

---

17   주택임대차보호법 제6조

A. 2018년 9월 14일 이후 조정대상지역 내 종전 주택이 있는 상태에서 조정대상지역 내 신규 주택을 취득하는 경우 일시적 1세대 2주택 보유 허용기간은 3년에서 2년으로 단축됩니다. 이는 2022년 개정세법에서도 2년이 유지됩니다. 다만 ① 2018년 9월 13일 이전에 조정대상지역에 있는 신규 주택 또는 신규 주택을 취득할 수 있는 권리(분양권, 조합원입주권)를 취득한 경우, ② 2018년 9월 13일 이전에 신규 주택을 취득하기 위하여 매매계약을 체결하고 계약금을 지급한 사실이 증빙서류에 의해 확인되는 경우에는 3년을 적용합니다. 2018년 9월 13일 이전에 취득 계약 및 계약금 지급 여부는 당초 남편 명의의 계약 당시를 기준으로 판단하므로 3년을 적용합니다.

Q. 2020년 2월 11일 개정된 일시적 1세대 2주택 비과세를 적용할 때 신규주택 취득 후 1년 이내 전입하고, 1년 이내 종전 주택을 양도하는 강화된 비과세 요건의 적용 대상은 어떻게 되나요?

A. 2019년 12월 17일부터 신규로 취득하는 조정대상지역 내 주택에 대해 적용합니다. 다만 ① 2019년 12월 16일 이전에 신규 주택을 취득 또는 신규 주택을 취득할 수 있는 권리를 취득한 경우, ② 2019년 12월 16일 이전에 조정대상지역에 있는 신규 주택을 취득하기 위하여 매매계약을 체결하고 계약금을 지급한 사실이 증빙서류에 의해 확인되는 경우 1년 내 전입 요건이 적용되지 않고, 주택 취득일부터 2년 내 기존 주택을 양도하면 일시적 1세대 2주택 비과세가 적용됩니다. 2022년 5월 10일 이후 양도하는 부분부터는 신규 주택의 전입 요건이 없어졌습니다. 2년 이내에 양도만 하면 가능합니다.

Q. 2020년 2월 11일 개정된 일시적 1세대 2주택 비과세 요건을 적용할 때 "신규주택 취득 후 1년 내 전입" 요건은 예외 없이 적용되나요?

A. 2022년 5월 10일 이후 양도하는 부분부터는 신규 주택의 전입 요건이 없어졌습니다.

Q. 임대주택 공동 명의와 관련하여 1호의 주택을 공동 명의로 임대등록한 경우 조세특례제한법 제97조의3에 따른 장기보유특별공제 50% 특례를 적용받을 수 있나요?

A. 공동 임대사업자의 경우, 개별 사업자가 "1호 미만"의 주택을 임대하더라도 조세특례제한법의 요건을 충족하면 장기보유특별공제 50%를 적용받을 수 있습니다.

Q. 임대등록이 말소되어 세법상 임대기간을 채우지 못한 경우 양도소득세에 대한 임대주택 혜택*을 받을 수 있나요? 양도소득세율 중과 배제, 거주주택 비과세 특례와 관련하여 알고 싶습니다.

A. 양도소득세율 중과 배제와 관련하여 임대등록이 자진말소·자동말소 되는 경우 세법상 임대기간(5년·8년)을 충족하지 못한 경우에도 혜택을 받을 수 있습니다. 자진말소의 경우 의무 임대기간의 1/2 이상 임대하고, 1년 이내 양도하는 경우에는 중과세율을 적용하지 않습니다. 거주주택 비과세와 관련하여 이미 적용받은 거주주택에 대한 비과세는 추징하지 않고 임대등록 말소 후 5년 이내에 거주주택을 양도하는 경우 비과세 특례를 적용합니다.

Q. 임대등록 자진말소의 경우 임대기간 요건을 충족하지 않고 임대주택을 언제든지 양도하더라도 양도소득세 중과를 적용하지 않나요?

A. 임대의무기간의 1/2 이상 임대한 임대주택을 등록말소 후 1년 내 양도하는 경우에 한하여 양도소득세 중과를 적용하지 않습니다.

Q. 임대등록이 자동말소되어 양도소득세 중과를 적용하지 않는 경우 장기보유특별공제가 가능한가요?

A. 양도소득세 중과가 적용되지 않는 경우 기본적으로 최대 30% 장기보유특별공제가 가능하며, 8년 장기일반매입임대주택 중 아파트의 경우 자동말소 시 「조세특례제한법」 제97조의3의 과세특례 요건을 충족하는 경우 장기보유특별공제 50% 적용 가능합니다.

5장

금융자산_주식과 가상자산에도 붙는 세금 절세 전략 세우기

국내주식과 해외주식의 세금은
어떻게 다를까?

국내주식 개요

국내주식은 세금 부분만 생각하면 투자하기 좋은 자산이다. 상장주식 투자에 대해서는 대주주가 아니라면 양도소득세가 없기 때문이다. 당초 세법은 2023년 1월 1일부터는 금융투자소득세를 도입하기로 하여 주식과 채권 펀드 등의 금융투자 상품으로부터 실현된 소득을 합산하여 과세하는 금융투자소득세를 도입하려 하였다. 그러나 대내외 시장 여건 및 투자자 보호를 위해 금융투자소득세의 도입 시기를 2025년 1월 1일로 유예하였다. 또한 현재 적용하고 있는 국내주식의 대주주에 대한 과세의 개념도 '고액주주'의 개념으로 바꾸어 수정하였다.

고액주주의 판단

상장기업의 '고액주주'의 판단과 세금은 다음과 같다.

2022.12.31. 이전			2023.1.1. 이후		
'대주주' 과세기준			'고액주주' 과세기준		
	지분율	보유금액		지분율	보유금액
코스피	1%		코스피		
코스닥	2%	10억 원	코스닥	삭제	100억 원
코넥스	4%		코넥스		

(범위) 본인 및 기타주주* 합산
*　최대주주 : 친족, 경영지배관계
　　최대주주 아닌 경우 : 직계존비속, 배우자, 경영지배관계

(범위) 본인 (기타주주 합산 제외)

대주주의 판단은 2023년 이후는 지분율 기준은 삭제되고, 보유 금액이 100억 원이 넘지 않으면 대주주로 보지 않는다. 대주주의 지분율을 없애는 이유는 개인별 주식 보유금액이 같더라도 기업규모에 따라 지분율이 달라져 과세 여부가 달라지는 문제가 있기 때문이다.

예를 들어 개인투자자가 코스피 상장법인 주식을 9억 원 상당 보유하는 경우, 해당 주식 양도 시 해당 법인이 시가총액 900억 원 이하인 경우 지분율 1% 이상이므로 과세되지만, 시가총액 900억 원 초과인 경우 지분율이 1% 미만이므로 비과세된다.

따라서 보유금액 기준으로 과세하여 과세 형평을 제고하려는 취지이다. 보유금액을 10억 원에서 100억 원으로 대주주의 기준을 완화하는 취지도 주식 양도소득세 회피 목적으로 나오는 연말 주식매도 현상 등 시장 왜곡 문제를 낮추기 위함이다.

고액주주 판정 시 합산과세에서 본인의 지분만을 기준(인별과세)으로 판단하는 것으로 바뀌었다. 이를 변경하는 이유 현재는 본인이 소액주주임에도 직계존비속 또는 배우자 등이 주식을 보유한 경우까지 합산하여 과세되는 사례가 있기 때문이다. 특히 가족뿐만 아니라 친족의 개인정보인 주식 보유 여부 · 규모를 파악하기 어려워 주식을 파는 등 세부담의 예측 가능성을 높이는 방향으로 개정하였다.

대주주의 세율

국내주식의 대주주에 해당하면, 다음과 같이 양도소득의 차익에 해당하는 과세 표준에 세율을 곱하여 계산한다.

구 분	2022.12.31 이전
대주주 세율 (중소기업 포함)	3억 원 이하 : 20%
	3억 원 초과 : 25%
	1년 미만 : 30%

대주주는 양도차익에 해당하는 과세표준이 3억 원 이하이면 세율이 20%이고 3억 원을 초과하면 25%의 세금을 부담한다. 특히 주식시장의 대주주는 100억 원으로 완화된 반면 비상장주식의 양도소득에 대해서는 250만 원 초과 시에 과세되므로 유의하여야 한다.

상장주식 대주주 양도소득세는 대주주 요건을 넘지 않도록 관리하는 것이 주식 절세의 핵심이며, 주식을 일부 처분할 때에도 주식양도의 해를 바꾸어 절세가 가능하다. 특히 비상장주식의 거래는 세율이 3억 원을 기준으로 나뉘는 것에 절세의 포인트를 맞출 수 있다.

3억 원 이하 20%, 3억 원 초과분에 대해서는 세율이 25%로 세율이 올라가는 것이 절세의 핵심이다. 대주주의 주식처분 등으로 주식을 양도할 것이라면, 2개 연도에 나누어 내게 되면 조금이라도 낮은 세율에 적용하여 주식 양도소득세를 줄일 수 있다.

대주주가 10억 원의 양도차익을 가정할 때, 1개 연도에 파는 경우보다 2개 연도에 5억 원씩 차익을 실현하는 것이 약 1,500만 원의 주식 양도소득세를 절세할 수 있다.

비상장주식의 경우 세율

주권 상장주주가 아닌 비상장주식은 주식의 지분율 및 가액의 기준이 그대로 적용된다. 현재 비상장주식의 대주주 판단기준은 주식 소유비율이 본인 및 기타 주주를 포함하여 4%이상인 경우에는 비상장주식의 대주주가 된다. 또한 주식투자 종합소득세가 유예되기 전에는 비상장주식의 대주주 판단 기준은 10억 원으로 유지되므로 상장주식의 '고액주주'와는 다르다. 대주주가 아닌 자가 양도하는 주식의 세율은 다음과 같다.

1) 중소기업의 주식 등: 양도소득 과세표준의 100분의 10

2) 1)에 해당하지 아니하는 주식 등: 양도소득 과세표준의 100분의 20

구 분	양도소득세
중소기업 주식	양도소득 과세표준 X 10%
중소기업 외 주식	양도소득 과세표준 X 20%

양도소득 과세표준	세율
중소기업 주식	10%
중소기업 외 주식	20%

단, 해당 회사의 주식이 부동산 과다보유법인의 경우에는 부동산으로 보아 양도소득 기본세율을 적용한다. 주식의 거래이지만 실질이 부동산 법인에 해당하는 경우 부동산의 거래로 본다는 것이다. 특히 해당법인 자산총액 중 비사업용 토지의 가액이 50% 이상을 차지하는 경우에는 비사업용 토지와 마찬가지로 주식에 대해서도 10%의 세율을 추가로 과세한다.

해외주식

해외주식은 기본적으로 중소기업이 아닌 그 밖의 주식에 해당하므로 양도차익 250만 원을 초과하는 부분에 대해 20%의 세금을 부담한다. 지방소득세 10%를 고려하면 22%의 세금을 부담하게 된다.

해외주식의 양도차익은 손실이 난 부분과 상계하고 난 금액에 대해 250만 원

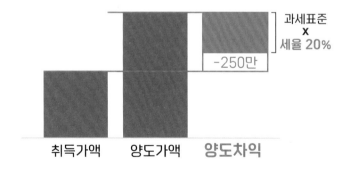

을 초과하는 부분에 대해 20%의 세금을 부담한다. 예를 들어 손실 부분과 상계하고 난 금액이 예를 들어 550만 원이라고 할 경우에 250만 원을 초과하는 300만 원에 대해서 20%의 세금을 부담한다.

차손이 있는 해외주식 간의 통산이 가능하므로, 차익이 많은 경우 이를 활용하여 손실이 있는 주식을 같이 판다면 절세할 수 있다. 또한 해외주식은 환율의 적용에 유의하여야 한다.

해외주식의 환율 적용

해외주식 처분 시에는 환율 부분을 반드시 고려해야 한다. 환율 적용은 실제 현금주의로 판단한다. 양도가액은 양도대금이 입금되는 날의 환율, 취득가액이나 필요경비의 경우 결제대금이 출금되는 날의 환율을 적용한다. 거래를 한 날이 아님에 유의하여야 한다. 해외주식은 증권사에 따라 다르지만 국내주식보다 하루 정도 더 입금이 늦는 경우가 있으므로 자금상황 및 이에 따른 환율도 같이 고려해야 한다.

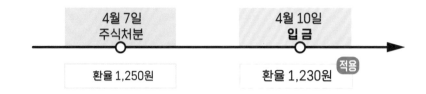

예를 들어 2022년 4월 7일에 주식을 처분했는데, 그 금액이 4월 10일에 들어온다면 4월 10일 환율에 따라 계산되어서 입금된다. 따라서 4월 7일 환율인 1,250원이 적용되는 것이 아니라 4월 10일 환율 1,230원이 적용된다.

해외주식 취득가액의 산정

해외주식은 선입선출이 원칙이다. 소득세법 제162조 제5항에 따르면 먼저 취득한 것을 먼저 처분한 것으로 보는 선입선출법으로 양도차익을 산출한다. 하지만 주식의 취득과 처분을 대행해주는 증권사 전산에서 이동평균을 적용하는 경우 이동평균법(먼저 산 주식이 팔린 것이 아닌 취득한 평균가액으로 주식을 팔았다고 보는 것)도 가능하다. 연도별로 선입선출법과 이동평균법 중에 선택이 가능하다는 예규[18]도 있다.

해외주식 취득이 빈번할 경우, 개인투자자가 엑셀 등으로 취득과 처분을 정리하여 놓지 않는다면 취득가액을 정확히 산정하기는 어렵기 때문에 일반 투자자는 증권사별 전산에 의존하는 경우가 대부분이다. 경우에 따라 이동 평균법으로 손실이 난 줄 알았는데 선입선출법으로 이익이 나는 경우도 발생할 수 있다.

---

18   국제세원-229, 2010. 5. 10.

ETF 세금
바로 알기

최근 상장지수펀드^(ETF)에 대한 관심이 많다. ETF는 기본적으로 주식과 유사한 방법으로 매매가 이루어지기 때문에 투자도 쉽고 그래서 투자의 규모도 점점 커지고 있다. IBK투자증권은 2022년 한국 ETF 운용자산^(AUM)이 최대 86조 6천억 원에 달할 것으로 예상했다. 2012년 14조 8천억 원이던 한국 ETF 시장은 2015년에 20조 원을 돌파했고, 2017년에 35조 원, 2018년에 40조 원, 2019년에 51조 원, 2020년에 52조 원을 2021년 70조 원을 기록하는 등 가파르게 커졌다. 10년 동안 연평균 22.7%의 성장세를 보였다.

ETF의 세금도 주식이나 채권과 비슷할 것이라 생각하는 경우가 많다. 하지만 ETF가 어떤 종목을 추종하여 발생하는지에 따라 소득 종류와 과세 방법이 다르다. ETF의 과세에 대한 부분을 알기 위해 기초자산에 대한 부분을 먼저 살펴보겠다.

 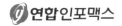

연합인포맥스

INFOMAX 다운로드

최신뉴스   정책/금융   채권/외환   빅데이터뉴스   해외주식   국제경제   중국경제   IB/기업   증권   부동산   기고

HOME > 증권

"내년 국내 ETF 시장 86조6천억원 규모 예상...전략 필요성 증대"

곽세연 기자   승인 2021.12.15 09:06   댓글 0

(서울=연합인포맥스) 곽세연 기자 = 2022년에도 글로벌 상장지수펀드(ETF) 시장이 강한 성장세를 이어갈 것으로 전망됐다.

포트폴리오 투자, 접근성, 다양성에다 풍부한 유동성에 힘입은 급성장세가 내년에도 이어져 전세계 ETF 시장의 70%가량을 차지하는 미국의 ETF 시장은 최대 8조7천억원 달러로, 국내 ETF 시장은 최대 86조6천억원으로 커질 수 있다는 분석이 나왔다.

15일 IBK투자증권은 2022년 한국 ETF 운용자산(AUM)이 75조3천억원~86조6천억원에 달할 것으로 예상했다. 올해가 70조6천억원 정도이므로 규제완화 등에 힘입어 최소 6.6%에서 최대 22.7%의 성장을 내다본 것이다.

2012년 14조8천억원이던 한국 ETF 시장은 2015년에 20조원을 돌파했고, 2017년에 35조원, 2018년에 40조원, 2019년에 51조원, 2020년에 52조원을 기록하는 등 가파르게 커졌다. 10년 동안 연평균 22.7%의 성장세를 보였다.

미국 ETF AUM은 올해 7조1천억 달러에서 11.0~21.6% 늘어난 7조9천억원~8조7천억 달러로 IBK투자증권은 내다봤다.

많이 본 뉴스

자료: 〈내년 국내 ETF 시장 86조 8천억 원 규모 예상... 전략 필요성 증대〉, 《연합인포맥스》, 2021. 12. 15.

구 분	주 식	채 권
분 배 금	배당소득세	이자소득세 15.4%
매매차익	비과세	비과세
매매차익(2023 이후)	금융투자소득과세	금융투자소득과세

국내주식의 경우 분배금인 배당소득에 대해서는 배당소득으로 15.4%의 세율로 원천징수되고 2,000만 원이 넘으면 금융소득 종합과세된다. 채권의 분배금은

이자이다. 이는 주식과 마찬가지로 이자소득으로 15.4%의 세율로 원천징수한다. 매매차익에 대해서는 2022년까지는 모두 비과세 적용된다. 그러나 ETF는 주식형에 대해서는 비과세 적용하므로 차이가 없는데, 채권형에 대해서는 과세를 한다.

구 분	주식형 ETF	채권형 ETF
분 배 금	배당소득세	배당소득세
매매차익	비과세	실제매매차익 등 과세
매매차익(2023 이후)	금융투자소득과세	금융투자소득과세

ETF의 매매차익에 대한 과세는 기초자산이 국내 상장주식인 「국내주식형 ETF」는 매매차익에 대해 과세를 하지 않는다. 개인의 국내주식에 직접 투자하는 경우와 마찬가지로 비과세해주는 것과 같다. 반면 채권 ETF는 기타형 ETF에 속한다. 이 기타형 ETF란 채권 ETF, 지수추종 및 원유선물ㆍ골드선물 등 상품^(원자재) 등을 기초자산으로 하는 ETF이므로 주식 이외의 ETF는 실제 매매 가액 등에 대해 과세한다.

구체적으로는 ETF 매수시점부터 매도시점까지 보유기간 동안의 과세기준 기준가격의 상승분과 실제로 발생한 매매차익 중 적은 금액에 대해 15.4%로 원천징수한다. 과표기준가격은 ETF 수익 중 비과세 적용되는 부분은 제외하고 과세대상이 되는 금액을 계산해놓은 기준가격으로, 매일 운용사에서 공표하고 있으므로 운용사 홈페이지나 거래하는 증권사에서 확인할 수 있다.

같은 상품의 ETF라면 2,000만 원을 기준으로 세금이 달라진다

국내에 상장된 미국 ETF와 미국에 상장된 미국 ETF 중에 뭐가 더 나을까? 선진국 증시는 지수를 보고 투자하는 것이 유리하다. 세계 최고의 부자 중 한 사람인 워런 버핏조차 배우자와 자녀에게 "내가 죽으면 전 재산의 90%는 S&P500을 추종하는 인덱스 펀드에, 10%는 채권에 투자하라"라고 할 정도로 인덱스 펀드는 안전하고 수익률이 높을 수 있다.

인덱스 추종 ETF는 국내상장된 ETF와 해외상장된 ETF가 있는데 어떤 것이 더 세금 면에서 유리할까? 같은 미국지수 ETF라고 하더라도 다음과 같은 차이가 있다.

먼저 국내상장된 미국지수의 ETF라면, 지수추종 금융 상품이므로 배당소득으로 과세한다. 따라서 2,000만 원 이하는 15.4%로 세금을 부담하고 2,000만 원이 초과되는 소득에 대해서는 다른 종합소득과 합산하여 과세된다.

외국에 상장된 미국주식 ETF라면, 차익에 대해서 250만 원까지는 세금이 없고

국내상장

미국지수 ETF

2천만 원 이하	15.4% 분리과세	
2천만 원 초과	종합소득기본세율	
	과세표준	**세율**	**누진공제**

과세표준	세율	누진공제
1,400만 원 이하	6%	0
5천만 원 이하	15%	108만 원
8,800만 원 이하	24%	522만 원
1억 5천만 원 이하	35%	1,490만 원
3억 원 이하	38%	1,940만 원
5억 원 이하	40%	2,540만 원
10억 원 이하	42%	3,540만 원
10억 원 초과	45%	6,540만 원

해외상장

미국지수 ETF

250만 원	비과세
차액에 대해 **22% 과세**	

250만 원

250만 원이 넘는 차익에 대해서는 22%의 세금을 부담한다. 따라서 이익의 규모에 따라 국내지수 ETF와 해외지수 ETF는 세금의 차이가 있는데 이를 이익의 규모에 따른 세금 부담을 통해 알아보면 다음과 같다.

연간 이익이 250만 원 이하라면 해외주식 ETF가 세금이 없으므로 유리하다. 국내주식 ETF라면, 15.4%의 세금을 부담한다. 적은 금액으로 투자하고자 한다면 수익 금액이 250만 원 이내인 경우 해외 ETF가 유리하다. 2,000만 원 이하의 이익 규모에서는 국내주식의 ETF가 세금이 적다. 물론 다른 금융소득이 없다는 전제이

다. 다른 주식의 배당소득이 있거나, 은행이나 채권의 이자소득이 있다면 국내주식 지수 ETF의 소득과 합산되어 종합소득을 부담하게 되므로 유리하지 않을 수 있다.

투자 규모가 커서 2,000만 원이 넘는 수익이 기대되거나 다른 금융소득이 많은 경우 사업소득이나 근로소득이 많은 경우에는 해외주식지수의 ETF가 22% 분리과세로 종결되므로 종합소득세로 과세되는 국내 ETF보다 유리하게 된다.

주식으로 번 1억, 세금은 1,100만 원이 되는 '금융투자소득세'

2025년부터는 금융투자소득에 대해서 과세한다. 주식이나 배당의 소득을 종합소득으로 합산하여 과세하는 것이 아니라 부동산의 양도소득세처럼 별도의 세율 체계로 과세한다는 것이다. 먼저 금융투자소득의 정의와 이에 해당하는 소득이 어떻게 과세 되는지 살펴볼 필요가 있다.

금융투자소득의 정의

금융투자소득이란 주식이나 채권을 양도할 때 내는 세금을 말한다.

$$\substack{\text{금융투자} \\ \text{소득금액}} = \text{주식} + \text{채권} + \substack{\text{투자계약} \\ \text{증권}} + \substack{\text{집합투자} \\ \text{기구}} + \substack{\text{파생결합} \\ \text{증권}} + \text{파생상품}$$

소득금액

*(이자·배당소득) 금융소득 종합과세 현행 유지, 원금 손실 가능성이 없는 이자·배당을 원천으로 하는
펀드 분배금은 배당소득 유지

소득은 금융투자 상품에서 발생하는 소득으로, 원금 손실의 가능성이 있는 증권과 파생상품의 양도로 발생하는 소득을 의미한다. 여기에는 주식 등의 양도로 발생하는 소득, 채권 등의 양도로 발생하는 소득, 투자계약증권의 양도로 발생하는 소득, 집합투자증권 양도소득과 적격집합투자기구 분배소득, 파생결합증권으로부터 발생하는 소득, 파생상품의 거래 또는 행위로 발생하는 소득의 여섯 가지 소득이 포함된다. 이러한 금융투자 상품은 양도로 인하여 소득이 발생하는데 양도라 함은 자산의 매도, 교환, 법인 현물출자, 계좌 간 이체, 계좌의 명의 변경, 실물 양도 등을 통하여 자산을 유상으로 이전하는 것(부담부증여 시 수증자 부담채무 포함)을 포함한다.

금융투자소득의 세금 부담

2025년부터 과세되는 금융투자소득에 어떻게 세금이 부과되는지 알아보자. 금

융투자소득금액은 '국내 상장주식 등 소득금액'과 '기타 금융투자소득 금액'의 두 그룹으로 구분하여 계산한 후 합산한 금액이다.

소득의 종류		2022 과세		2025 금융투자과세
분배소득		이자, 배당소득세		이자, 배당소득세
양도 소득	장내	대주주	양도소득세	금융투자소득세
		소액주주	과세 제외	
	장외	양도소득세		

개인투자주식의 경우 두 가지 소득으로 나뉜다. 하나는 분배받은 이자와 배당 소득이고 두 번째는 양도로 인한 이익이다.

첫 번째 소득인 분배받은 이자와 배당소득은 기존처럼 배당소득세로 과세된다. 2024년 12월 31일 이전에는 기중 배당으로 분배받는 이익에는 배당소득세를 과세 하고 2025년 1월 1일 이후에도 마찬가지로 배당소득세를 과세한다. 배당소득세로 과세한다는 것은 소득세가 종합과세된다는 의미이다. 종합소득은 근로소득 사업소 득과 합산과세된다.

이는 부동산의 임대소득에 대해서 종합과세하는 것과 비슷한 의미이다. 그러나 부동산 임대소득세가 필요경비를 인정하는 등 여러 가지 세금혜택을 주는 것과 다 르게 주식이나 채권의 배당소득은 2,000만 원까지만 15.4%로 분리과세하는 것 이외에 필요경비를 인정하기 않고 종합소득과 합산된다. 따라서 2,000만 원 이상의 이자, 배당소득이 있는 경우에는 높은 종합소득세를 부담할 수 있다.

두 번째 양도소득은 그동안 과세되지 않았던 소액주주의 주식 양도에도 과세된다. 2024년 12월 31일까지는 상장주식의 대주주와 비상장주식의 주주만 과세되고 상장주식의 소액주주는 과세되지 않았다. 그러나 2025년 1월 1일 금융투자소득에서는 상장주식의 소액주주에게도 과세된다. 대주주나 비상장주식의 투자는 종전과 마찬가지로 금융투자소득세가 과세된다.

금융투자소득의 손익 통산

금융투자소득은 이익과 손실이 통산된다. 금융상품별 금융투자소득의 손익통산은 과세기간(1월 1일~12월 31일)별로 발생한 금융투자 상품의 소득금액 및 손실금액을 합산하여 소득금액을 계산하는 것이다. 이때, 합산한 금융투자소득금액이 0(zero,

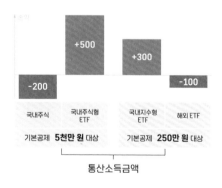

^{※)}보다 작으면 이를 금융투자결손금이라 한다. 금융투자 결손금은 이후 5년 이내의 기간 동안 이월공제가 가능하다.

금융상품별 통산 순서는 다음과 같다.

① 각 금융상품별 금융투자소득을 기본공제 대상 그룹^(5,000만 원 적용대상 or 250만 원 적용대상)별로 합산한다.

② 소득금액 계산 시 손실금액은 기본공제 대상 그룹별 소득금액에서 먼저 공제한다.

③ 기본공제 대상 그룹별 소득금액 합계액이 모두 0보다 작은 경우에는 이를 합산하여 금융투자결손금을 계산한다.

④ 기본공제 대상 그룹별 소득금액 합계액 중 하나 이상의 소득금액 합계액이 0보다 작은 경우에는 이를 합산하여 금융 투자결손금을 한다. 이는 구분하여 관리한다.

⑤ 기본공제 대상 그룹별 소득금액 합계액이 모두 0보다 큰 경우에는 이를 합산하여 금융투자 소득금액을 계산하되 구분하여 관리한다.

금융투자소득의 기본공제 대상별 자산 구분

금융투자소득의 기본공제 대상은 두 가지로 나뉜다. 하나는 5,000만 원의 기본공제 대상이고, 또 하나는 250만 원 기본공제 대상이 있다. 이를 구분하는 것은 투자의 관점에서 매우 중요하다. 쉽게는 국내 주식투자 관련 소득에 대해서는 5,000만 원의 기본공제 대상이 된다. 구체적으로 보면 다음과 같다.

다음 국내 상장주식 등의 경우 기본공제는 5,000만 원이 적용된다.

㉮ 주식소득금액 중 주권상장법인의 주식 등을 증권시장에 양도하여 발생한 소득금액

㉯ 비상장 상태인 중소기업기본법상의 중소기업(양도일이 속하는 사업연도의 직전 사업연도 종료일 현재 기준)과 조세특례제한법 시행령에 의한 중견기업(양도일 현재 기준) 주식을 한국금융투자협회가 행하는 장외매매거래(K - OTC 시장)에서 양도하여 발생한 소득금액

㉰ 집합투자기구 소득금액 중 공모 국내주식형적격집합투자기구*에서 발생한 소득금액

* 공모 국내주식형적격집합투자기구: 아래 요건을 모두 갖춘 집합투자기구

㉠ 자본시장법상 증권집합투자기구로 적격집합투자기구일 것

㉡ 사모집합투자기구가 아닐 것

ⓒ 집합투자재산의 2/3 이상을 국내 상장주식 및 국내주식형 상장지수집
   합투자증권에 투자할 것

이 이외에는 250만 원의 기본공제가 적용된다. 따라서 국내증권사의 지수형
ETF, 채권형 ETF, 원유 등 상품형 ETF, 해외주식 등은 250만 원의 기본공제가 적
용된다. 각 금융투자소득의 세금 계산은 다음과 같이 이루어진다.

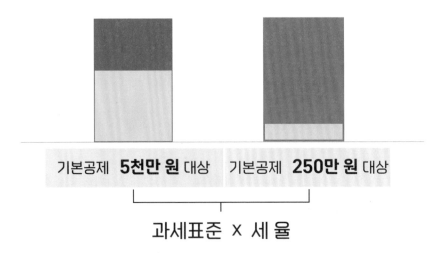

금융투자소득 과세표준	세율
3억 원 이하	20%
3억 원 초과	3천만 원 + (3억 원 초과액 x 25%)

금융투자소득 과세표준	세율
3억 원 이하	20%
3억 원 초과	3천만 원 + (3억 원 초과액 x 25%)

금융투자소득의 세율과 절세 방법

금융투자소득에 대해서는 소득세법 제87조의19에 따라 3억 원 이하는 20%의 세율을 적용하고 3억 원을 초과하는 부분에는 25%의 세율을 부담한다.

3억 원이 넘어가는 이익의 25% 세율이라면, 법인 등을 이용한 주식투자가 세율 면에서 유리할 수 있으므로 향후 법인을 이용한 주식투자가 절세 방법으로 떠오를 수 있다. 법인은 2억 원 이하의 이익에 대해 10%의 세율을 적용하고 200억 원까지의 이익에 대해 20%의 세율을 적용하기 때문이다.

금융자산투자 절세 전략
_ISA로 비과세 투자하기

ISA(Individual Saving Account)란 일명 '개인 종합자산관리 계좌'로 세금의 혜택을 받을 수 있는 금융상품이다. ISA 계좌는 통한 국민재산형성과 자본시장 장기투자 문화 정착에 도움을 주기 위해 정책적으로 혜택을 많이 주고 있는 금융상품이다. ISA 계좌는 예적금, 펀드, ETF, 주식 등 다양한 금융상품에 투자하면 200만 원(서민, 농어민형은 400만 원 한도)까지 비과세 혜택을 받을 수 있다.

2021년 세법개정에 따라 ISA 운영기간이 영구화되었고 소득요건이 폐지되어 가입할 수 있는 대상이 크게 확대되었다. 따라서 소득증빙이 어려운 직종 및 개인 소득이 없는 주부도 가입 가능(19세 이상 거주자이면 됨)하게 되었다. 그러나 연간 2,000만 원 이상의 금융소득 종합과세대상자는 제외된다. 2021년부터는 신탁형, 일임형 이외에도 증권계좌 형태의 ISA가 신설되어 투자도 가능하다.

2023년 1월 1일 이후 금융투자소득과 ISA 계좌에 대한 세금부과는 다음과 같이 이루어진다.

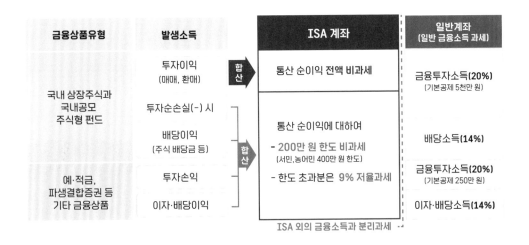

ISA 투자수익의 비과세

(비과세 대상) 은행 증권사에서 ISA 계좌를 통해 투자한 국내 상장주식과 국내 공모주식형 펀드는 양도·환매 시 발생한 소득 전액에 비과세된다. 그러나 소득 중 금융투자소득이 아닌 국내 상장주식의 배당금 등(배당소득)은 무조건 비과세가 아니라 순이익 200만 원(서민형·농어민형 400만 원)까지 비과세되고, 비과세 한도 초과분은 9.9%로 분리과세한다. 일반 금융투자소득과는 달리 ISA 계좌는 별로로 분리과세되어 비과세와 세율 면에서 유리하다.

ISA의 가입 형태

ISA 계좌는 일반 직장인 서민형 또는 농어민형, 두 가지 중 하나로 가입할 수 있다. 서민형은 근로소득이 5,000만 원 이하거나 종합소득이 3,500만 원 이하인 경우에만 가입할 수 있고 농어민형은 종합소득의 기준이 3,500만 원 이하인 경우에만 가입 가능하다.

	일반형	서민형	농어민
가입자격	- 만 19세 이상 또는 직전 연도 근로소득이 있는 만 15~19세 - 직전 3년간 한 번이라도 금융소득 종합과세 대상자가 아닌 자		
소득기준	없음	근로소득 5천만 원 이하 또는 종합소득 3,500만 원 이하	종합소득 3,500만 원 이하
비과세 한도	200만 원	400만 원	400만 원
비과세 한도 초과 시	9.9% 분리과세		
의무납입기간	3년		
납입 한도	연간 2천만 원, 최대 1억 원까지 이월가능(올해 1천만 원, 내년에 3천만 원 입금 가능)		
만 기	36개월 이상 자유롭게 설정		

소득이 많은 경우에는 일반형으로 가입할 수 있다. 일반형은 비과세 한도가 200만 원으로 조금 줄어들 뿐 비과세를 초과하는 금액은 9.9%로 분리과세되어 금

융투자소득보다 유리하다.

납입 한도만큼 가입하고 의무 납입기간인 3년 동안 유지해야 하는 조건이 있지만 이만 잘 유지한다면 9.9%의 세율로 금융투자소득 대비 절세가 가능하다.

다만 금융소득 종합과세자는 가입할 수 없다. 9.9%의 세율만 보면 매력적이지만 ISA는 서민을 위한 통장이므로 이자나 배당소득이 2,000만 원 이상인 경우에는 종합소득세를 부담하므로 ISA를 가입할 수 없다.

ISA 계좌가 유리한 경우

ISA 계좌 가입 대상이 되는 경우에는 낮은 소득세와 비과세를 활용할 수 있기 때문에 유리하다. 다만, 3년 내 해지하게 되면 세제 혜택은 없어지기 때문에 자금을 여유 있게 사용해야 함에 유의해야 한다. 2025년부터 과세되는 금융투자소득 과세가 국내주식형투자에 대한 소득은 5,000만 원을 초과하는 금액에 대해 20%의 세금을 부담하게 된다. 그러나 ISA투자는 비과세되므로 5,000만 원 이상의 수익도 비과세가 가능하다.

ISA는 연금저축공제에도 활용할 수 있다. 최소의무가입 기간인 3년이 지나면 상품을 해지하거나 연장할 수 있다. 이때 해지대금의 전부나 일부를 연금저축이나 IRP연금계좌에 넣는 것으로 활용이 가능하다.

ISA 계좌가 불리한 경우

ISA는 납입금액이 제한되어 있다. 연간 2,000만 원을 한도로 3년 최소의무납입 기간이므로 그전에 해지되면 일반과세가 되어 절세효과를 볼 수 없다. 그리고 ISA 는 미국상장주식이나 ETF에는 투자할 수 없다. 국내 상장된 주식에 장기투자하는 경우 혜택을 주기 위한 제도이기 때문이다.

2025 가상자산 사고팔면
세금 내야 한다

가상자산 양도·대여로 발생하는 소득^(기타소득)에 대해서는 과세시행이 2025년 이후로 연기되었다. 그러나 가상자산을 상속·증여받는 경우 기타소득 과세와 관계없이 이전부터 상속세 또는 증여세를 부과해왔다. 가상자산의 과세대상과 세액공제 방법 상속 등의 과세 방법을 알아보자.

가상자산의 과세 대상

가상자산은 경제적 가치를 지니고 이전될 수 있는 전자적 증표^(예: 비트코인 등)이다. 특정 금융거래정보의 보고 및 이용 등에 관한 법률에서는 가상자산에서 제외되는 다음의 대상을 규정하고 있다.

< 가상자산 제외 대상 >

1. 화폐·재화·용역 등으로 교환될 수 없는 전자적 증표로서 발행인이 용도를 제한한 것
2. 「게임산업법」에 따른 게임물의 이용을 통하여 획득한 결과물
3. 불전자지급수단, 전자화폐
4. 자등록주식
5. 자어음
6. 자선하증권
7. 거래의 형태와 특성을 고려하여 시행령으로 정하는 것

가상자산의 세액 계산 방법

가상자산의 세금 계산 방법은 차익에 대해서 250만 원을 뺀 뒤 세율 20%로 하여 기타소득으로 분리과세한다.

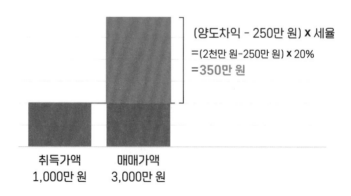

(양도차익 - 250만 원) x 세율
=(2천만 원-250만 원) x 20%
=350만 원

취득가액
1,000만 원

매매가액
3,000만 원

가상자산의 소득세 계산은 다음과 같다. 양도한 금액, 즉 총 수입금액^(3,000만 원)에서 실제 취득금액·거래수수료 등의 필요경비^(1,000만 원)을 빼고 기본공제액^(연 250만 원)을 빼면 1,750만 원이 된다. 이 금액에 세율^(20%)을 곱하여 계산하면 총 세금 부담액은 350만 원이 된다.

필요경비를 계산할 때는 먼저 거래한 것부터 차례로 양도한 것^(선입선출법)으로 본다. 그러나 가상자산 사업자를 통한 거래의 경우 계산상 편의를 고려해 이동평균법을 적용하도록 하고 있다. 이동평균법은 자산을 취득할 때마다 기존 자산가액과 신규 자산가액을 합해 평균단가를 산출하고 가장 나중에 산출된 평균단가에 따라 현재의 자산가액을 평가하는 방법이다.

가상자산의 세금 납부 방법

가상자산은 기타소득으로 과세되지만 원천징수되지는 않는다. 따라서 개인이 종합소득세 신고기간인 5월 1일~5월 31일 사이에 신고해야 한다. 기타소득은 원래 종합소득으로 합산되지만 가상자산 소득은 분리과세되는 소득이므로 종합소득 결정세액에 더하여 확정신고한다.

2024년 말에 주식을 팔면
세금이 0원?

2025년 금융투자소득 과세가 시행되면 2024년 말에 주식을 팔아야 할까? 금융투자소득과세 시행 전인 2024년 말 대규모 매도가 발생하지 않도록 의제취득가액 제도라는 것이 있다.

의제 취득가액

의제 취득가액이란, 2025년 1월 1일 이후 양도되는 주식의 차익 계산 시 2024년 말에 주식을 취득한 것으로 의제하여 취득가액을 산정하는 것을 말한다.

의제 취득가액은 두 가지 중 큰 금액으로 평가한다. 취득가와 2024년 말 종가 중 큰 금액 중 선택하도록 하고 있다.

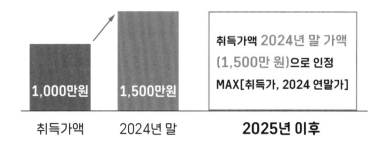

1,000만원	1,500만원	취득가액 2024년 말 가액 (1,500만 원)으로 인정 MAX[취득가, 2024 연말가]
취득가액	2024년 말	**2025년 이후**

예를 들어 취득가액이 1,000만 원이고 2022년 말 종가가 1,500만 원이라면, 취득가액을 둘 중 큰 금액인 1,500만 원으로 적용한다는 것이다. 따라서 2023년 이후 매매 시 차익에 대한 금융투자수익을 계산할 때 취득가액은 당초 취득가액 1,000만 원이 아닌 2024년 말 종가인 1,500만 원이 되어 차익을 구한다. 2022년 말에 주식을 팔지 않도록 하기 위함이다.

의제 취득가액 평가대상자

우선 의제취득가액 평가 대상자가 되려면, 2022년 12월 31일 현재 대주주가 아닌 주주여야 한다. 구체적인 적용대상은 다음과 같다.

① 상장법인 소액주주가 증권시장에서 양도하는 주식
② 비상장법인 소액주주가 K-OTC를 통해 양도하는 중소, 중견기업주식

이 두 가지에 대해서만 의제 취득가액이 적용된다.

구 분	코스피	코스닥	코넥스
지분율	1%	2%	4%
시가총액	10억 원	10억 원	10억 원

　따라서 대주주이거나, 거래소에서 거래되지 않은 비상장 법인의 경우에는 의제 취득가액이 적용되지 않는다. 현재 대주주란 특수 관계자 포함 시가총액 10억 원 이상이거나 코스피의 지분율 1%이상, 코스닥의 2%, 코넥스의 4%이상인 경우 대주주에 해당한다. 12월 결산법인의 경우 세법상 대주주 요건을 판단하는 기준일(사업연도 종료일)은 12월 31일이다. 이때 대주주에 해당한다면 다음 연도 1월 1일부터 12월 31일까지 대주주에 해당하게 된다.

　의제 취득가액을 적용받기 위해 사업연도의 종료일 직전에 주식을 매도함으로써 대주주 요건을 피할 수 있다.

거래일과 결재일

대주주를 피하기 위해 주식을 팔더라도 주의해야 할 사항은 상장주식의 매도 시기가 거래일이 아닌 결재일이라는 것이다. 거래일과 결재일은 어떻게 다른가? 거래일은 주식을 매매하는 날이고 결재일은 증권예탁원에 맡겨놓은 주식의 명의가 이전되어 확정되는 날이 결재일이다. 거래일에 주식을 매수·매도하여 체결이 되더라도 실제 대금의 결재일은 거래일 포함 3일에 결재된다. T(transaction date)+2일 결재라고도 한다. 현재 주식거래는 실물을 발행회사가 증권예탁원에 맡겨두고 각자의 거래계좌를 통해 주식대금만 정산하는 대체결제방식을 사용한다. 따라서 거래일과 결재일 간에 시차가 존재하기 때문에 거래일과 결재일의 차이가 생긴다.

대주주 요건을 피하기 위해 사업연도 종료일 직전에 매도 계약을 체결하면 거래는 되었지만 결재는 되지 않아 대주주에 해당할 수 있다. 따라서 결재일을 감안하여 3일 이전에 거래하여야만 연도 말 대주주를 피할 수 있다.

가상자산 세무조사로
세금 폭탄 받다

최근 국세청은 가상자산을 통해 재산이 증가하고 이를 통한 재산을 은닉하고 납세를 불이행한 사례들에 대해 세무조사를 실시하였다. 대체로 고액의 수입이나 상속금 양도대금을 은닉한 사례이다. 각 사례를 보면 다음과 같다.

① 병원 사업소득을 은닉한 전문직 사업자

A씨 는 서울 강남에서 ○○병원을 운영하며 고가 아파트에 거주하는 등 호화 생활을 하고 있는 전문직 사업자이다. 그는 세금에 대한 체납액 27억 원을 납부하지 않고 수입금액을 가상자산으로 39억 원을 넣어놓은 것이 세무조사 결과 발견되어 A가 보유한 가상자산을 압류하여 세금을 납부한 사례이다.

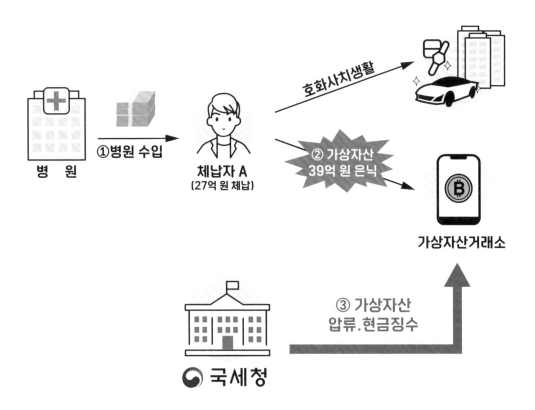

② 고액의 부동산 양도대금을 가상자산으로 은닉한 경우

체납자 C는 경기도 소재 부동산을 48억 원에 양도 후 양도소득세 12억 원을 납부하지 않고 고액의 양도대금을 가상자산으로 12억 원 은닉하였다. 세무조사 결과 발견되어 A가 보유한 가상자산을 압류하여 세금을 납부한 사례이다.

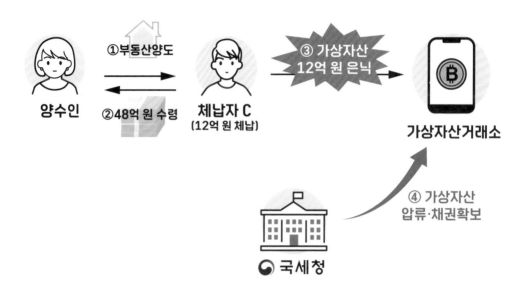

③ 상속자산을 납부하지 않고 가상자산으로 은닉한 경우

부친이 사망하고 난 후 상속세를 내지 않은 D씨는 상속받은 금융재산 17억 원에 대한 상속세 2억 원을 납부하지 않았다. 이에 대하여 국세청은 가상자산을 압류하고 채권을 확보하여 처분하여도 현금화하지 못하도록 법률적 조치를 취해놓았다. 이렇게 해서 미납세금에 대해 세금을 납부하도록 하였다. 국세청은 가상자산 거래소들로부터 체납자의 가상화폐 보유 현황을 수집·분석해 강제징수할수 있다.

국세청 관계자는 "국세청은 가상자산 자체가 아니라 소유자가 거래소에 대해가진 출금 청구 채권 또는 반환 청구 채권 등을 가압류 했다"라고 설명했다. 체납자인 소유자가 가상화폐를 팔 경우 가상화폐 거래소에 매각대금을 지급해달라고 요구하는 권리를 차단했다는 뜻이다.

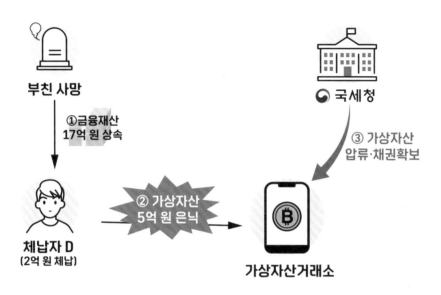

해외금융계좌는 6월 30일까지
반드시 신고하자

해외금융계좌 신고제도란 거주자 또는 내국법인이 보유한 해외금융계좌 잔액의 합계액이 해당 연도의 매월 말일 중 어느 하루라도 5억 원을 초과하는 경우에 매년 6월 말까지 신고해야 하는 제도다.

■ 신고대상자

거주자 또는 내국법인이 해당하므로 내국법인이 100% 출자한 해외현지법인에 파견된 임·직원 등은 국외에 거주하더라도 세법상 거주자에 해당하여 신고의무가 있다.

거주자는 해당 국가의 국적 여부에 상관없이 국내 183일 이상 체류한 경우 자산보유상태 및 가족 생계여부 등을 고려하여 판단한다. 따라서 해외 유학생 등 해외 장기체류자도 국내 생활관계의 객관적 사실에 따라 거주자에 해당한다면, 해외

금융계좌를 신고하여야 한다. 국외에서 근무하는 공무원도 거주자에 해당한다.

■ 신고대상 계좌

'해외금융회사에서 개설한 계좌'가 그 대상인데, 국내 법인의 국외 지점은 대상에 포함되지만 외국 법인의 국내 지점은 제외된다. 국내 증권사에서 만든 계좌로 해외주식을 매수한 '서학 개미' 투자자도 역시 해외금융계좌 신고대상이 아니다.

앞서 언급했듯 해외금융계좌 신고제도는 내국법인이 해외금융계좌에 보유한 예·적금, 주식, 채권, 펀드, 파생상품, 보험상품 등이 매월 말일 중 하루라도 5억 원을 초과하는 경우 이듬해 6월 계좌 정보를 국세청에 신고하는 제도다. 해외 가상자산^(코인) 거래소에 개설한 계좌에도 '해외금융계좌 신고제도'가 적용된다. 열두 달 중 말일에 어느 하루라도 해외 가상자산 거래소 계좌 잔액이 5억 원 이상이면, 2023년 6월에 계좌 정보를 신고해야 하는 것이다.

■ 신고방법

매년 6월^(6월 1일~6월 30일)에 2019년도 보유계좌정보를 국세청 홈택스^(www.hometax.go.kr)로 전자신고하거나 신고서에 기재하여 납세지 관할 세무서에 제출하면 된다.

자료: 국세청, 〈www.hometax.go.kr〉

■ 미신고 시 불이익

신고기한 내에 해외금융계좌 정보를 신고하지 않거나 과소신고할 경우 미·과소
신고 금액의 10~20% 과태료가 부과될 수 있다. 미·과소신고 금액이 연 50억 원이
넘을 경우 미^(과소)신고금액이 50억 원을 초과하는 경우 통고처분이나 2년 이하의 징
역 또는 미^(과소)신고금액의 13% 이상 20% 이하의 벌금^(병과 가능)이 부과될 수 있다.

과태료가 매우 크므로 해외금융계좌 신고는 부과되기 전까지 기한 후 신고를
할 수 있다. 또한 신고한 내용에 잘못이 있는 경우도 과태료가 부과되기 전까지 수
정 신고할 수 있다.

Q. 거주자가 투자한 해외주식을 처분한 경우 어떠한 세금이 발생하나요?

A. 거주자가 해외주식을 처분하는 경우 양도소득세 납세의무가 있습니다[19]. 해외주식

(회사형 펀드 포함)을 처분한 경우 예정신고 없이 양도소득세 확정신고 기간에 주소

지 관할세무서에 양도소득과세표준 확정신고·납부만 하면 됩니다. 다만, 해외주식의

처분일까지 계속하여 5년 이상 국내에 주소 또는 거소를 둔 거주자만 해외주식 처분

에 따른 양도소득세 신고·납부의무가 있습니다.[20] 현지 국가의 세법 및 조세조약에

따라 적법하게 납부한 해외주식 양도소득 관련 외국납부세액은 세액공제를 받거나

필요경비에 산입하여 이중과세를 조정합니다.

Q. 해외주식을 거래하여 양도차손이 발생한 경우 다른 해외주식 양도차익과 통산하

여 신고할 수 있나요?

A. 같은 과세기간의 해외주식·국내주식 거래에서 양도차손과 양도차익이 발생하였다면

다음해 5월 양도소득과세표준 확정신고 시 2020년도 양도분부터 해외주식의 거래에

서 발생한 양도차익과 국내주식의 양도차손을 통산하여 신고할 수 있습니다.

* 국내주식은 과세대상인 상장법인의 대주주 양도분 및 비상장 주주의 양도분에 한합니다.

---

19   소법 제94조
20   소법 제118의2

Q. 해외주식 양도소득세 계산 시 동일 종목을 수차례 취득 및 양도한 경우 양도차익 산정방법과 외화환산은 어떠한 방법으로 하면 되나요?

A. 해외주식 거래 시 동일 종목을 수차례에 걸쳐 취득·양도한 경우, 먼저 취득한 것을 먼저 처분한 것으로 보고(선입선출법) 양도차익을 산출합니다.[21] 다만 매매 또는 단기 투자목적 주식으로서 증권회사가 이동평균법을 적용한 경우 이동평균법도 가능하며 연도별로 선입선출법과 이동평균법 중 선택이 가능합니다.[22] 해외주식 거래와 관련된 외화환산은 다음에 정한 날 현재 외국환거래법에 의한 기준환율 또는 재정환율을 적용합니다. 기준환율 및 재정환율은 서울외국환중개주식회사의 인터넷사이트 (www.smbs.biz)의 오늘의 환율 및 기간별 매매기준율 등을 통하여 조회할 수 있습니다.

Q. 2022년의 금융소득과 2023년 1월 1일 이후의 금융소득의 과세 방법의 차이를 알고 싶어요.

A. 복잡한 금융상품에 대한 과세를 금융투자소득을 도입해서 대부분의 양도소득은 금융투자소득으로 과세한다는 것입니다. 예금이나 적금 그리고 주식에서 받는 이자와 배당금처럼 처분이 아닌 배당소득을 제외한 나머지 전부가 금융투자소득으로 과세됩니다.

---

21   소령 제162조제5항
22   국제세원-229, 2010. 5. 10.

예적금	ELS	펀드		국내주식		해외주식	
이자	수익금	국내상장주식 매매차익	그 외	상장주식 매매차익	배당금	매매차익	배당금
이자소득	배당소득	비과세	배당소득	양도소득(대주주) 비과세(소액주주)	배당소득	양도소득	배당소득

└───────────────── 금융투자소득 ─────────────────┘

Q. 투자자 입장에서 증권형 ISA를 통한 투자가 세제 측면에서 매우 유리하다고 하는데 ISA 계좌는 얼마나 유리한가요?

A. 예를 들어 설명드리겠습니다.

① 주식 양도차익 5,000만 원 이하 → ISA에서 투자 시 일반계좌에 비해 배당소득이 비과세(200만 원 限) 및 저율과세 9.9%가 적용되므로 유리합니다.

② 주식 양도차익 5,000만 원 초과 → 배당소득세 절감 효과뿐 아니라 5,000만 원 초과 시 국내주식에 대한 금융투자소득에 대해서도 비과세되므로 일반계좌보다 유리합니다.

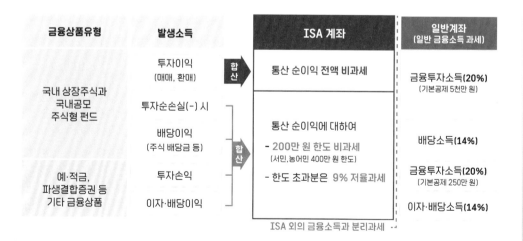

Q. 국내상장주식 양도소득세 대주주 기준 완화의 취지에 대해서 설명해주세요.

① 제도 개요

□ (과세대상) 상장주식은 '대주주'에 대해 과세표준 3억 원 이하분은 20%, 3억 원 초과분은 25% 세율로 양도소득세 과세합니다. 그러나 장외 거래의 경우 소액주주도 과세

□ (대주주 기준) 본인 및 기타주주를 합산하여 종목당 일정
지분율 또는 보유금액 이상인 경우 과세하였습니다. 이때 기타 주주란 (최대주주인 경우) 친족(6촌 혈족, 4촌 인척, 배우자 등), 경영지배관계이고 (최대주주 아닌 경우) 직계존비속, 배우자, 경영지배관계가 해당합니다.

구 분	'18.4. ~ '20.3.		'20.4. ~ '22.12.	
	지분율	보유금액	지분율	보유금액
코스피	1%	15억 원	1%	10억 원
코스닥	2%	15억 원	2%	10억 원
코넥스	4%	10억 원	4%	10억 원

② 지분율 기준을 없애는 이유

개인별 주식 보유금액이 같더라도 기업규모에 따라 지분율이 달라 과세 여부 또한 달라지는 문제를 해결하기 위함입니다. 이를 보유금액 기준으로 과세하면 과세 형평이 좋아집니다.

예를 들어 개인투자자가 코스피 상장법인 주식을 9억 원 상당 보유하는 경우 해당 주식 양도 시 해당 법인이 시가총액 900억 원 이하인 경우 지분율 1% 이상이므로 과세되지만, 시가총액 900억 원 초과인 경우 지분율이 1% 미만이므로 비과세됩니다.

③ 보유금액 기준을 100억 원 이상으로 설정한 이유

최근 미국 등 주요국의 이자율 상승으로 인한 통화 긴축, 경기침체 우려, 인플레이션 등 대내외 불확실성 증가로 주가하락, 거래대금 감소 등 주식시장 위축되는 것을 막기 위함입니다.

코스피기준	'20.12.	'21.12.	'22.1.	'22.3.	'22.4.	'22.5.	'22.6.
주가지수	2,873	2,978	2,663	2,768	2,695	2,686	2,333
일평균 대금(조 원)	18.2	9.9	11.3	11.1	10.9	9.6	8.9

부동산 시장에서 주식시장으로의 신규자금 유입을 유도하여 주식시장이 활성화될 경우 일반투자자들도 혜택을 볼 수 있습니다. 그러기 위해 그간 강화된 대주주 기준*으로 인한 주식 양도소득세 회피 목적의 연말 주식매도 현상 등 시장왜곡 문제를 완화할 수 있습니다.

④ 고액주주 판정 시 합산과세에서 본인지분 기준(인별과세)으로 변경 이유

기존의 기타주주 합산과세가 가족 등 친족관계가 변화된 현실에 맞지 않고 과도한 세부담으로 작용한다는 비판을 수용하여 본인의 지분으로만 판단하도록 하였습니다.

현재는 본인이 소액주주임에도 직계존비속 또는 배우자 등이 주식을 보유한 경우까지 합산하여 과세되는 사례가 있습니다. 가족이나 친족의 개인정보인 주식 보유 여부·규모를 파악하는 것은 매우 어렵습니다. 이 부분의 세부담 예측 가능성을 저해하는 문제를 해소하였습니다.

6장

상속·증여_
물려준다고 끝이 아니다,
상속·증여세 절세 전략 세우기

절세하기 전 증여세 기본부터 바로 알기

상속과 증여는 재산을 처분하고 정리하는 한 방법이다. 유상으로 정리하는 것이 양도라면 무상으로 하는 것이 증여와 상속이다. 그중에서도 무상으로 재산을 이전하되, 사전에 준다면 증여 그리고 사후에 주는 것을 상속이라 한다.

상속과 증여에 대한 세금과 절세 방법은 그 구조를 먼저 알고 차이점을 아는 것이 중요하다. 따라서 먼저 증여세의 구조를 알아보자. 증여세는 다음과 같은 구조로 과세된다.

증여세는 증여재산 가액에서 10년 이내에 증여한 재산을 가산한다. 그리고 과세표준은 증여재산공제를 차감하여 과세표준을 계산한다. 각 단계별로 증여세의 절세 방법을 알아본다면 다음과 같다.

과세표준	• 증여재산가액 – 채무부담액 + 증여재산가산액 – 증여재산공제 등
증여재산가액 (재산 평가)	• 주택의 가액은 증여일 현재 시가에 따름 ⇨ (1순위) 평가대상의 증여일 전 6개월부터 증여일 후 3개월 이내 매매, 감정 등 ⇨ (2순위) 유사대상의 증여일 전 6개월부터 신고일 이내 매매, 감정 등 평가기간 외의 기간으로서 평가기준일 전 2년 이내 또는 증여세 신고 기한부터 6개월까지의 기간 중에 매매, 감정 등이 있는 경우 평가심 의위원회의 심의를 거쳐 시가에 포함 가능 • 시가를 산정하기 어려운 경우에는 보충적 평가방법 활용 ⇨ (3순위)지자체장, 국토부장관이 공시하는 개별주택가격, 공동주택 가격
증여재산가산액	• 주택증여일 전 10년 이내에 동일인으로부터 증여받은 증여세 과세가액 의 합계액이 1천만 원 이상인 경우 그 과세가액 가산 * 동일인에는 증여자가 직계존속인 경우 그 배우자를 포함

	증여자	배우자	직계존속	직계비속	기타친족	그 외
증여재산공제	공제 한도액	6억 원	5천만 원 (수증자가 미성년자인 경우 2천만 원)	5천만 원	1천만 원	없음

	과세표준	세율	누진공제액
세 율	1억 원 이하	10%	–
	1억 원 초과 5억 원 이하	20%	1천만 원
	5억 원 초과 10억 원 이하	30%	6천만 원
	10억 원 초과 30억 원 이하	40%	1억 6천만 원
	30억 원 초과	50%	4억 6천만 원

세액공제	• 납부세액공제, 외국납부세액공제, 신고세액공제(3%)
신고·납부기한	• 주택을 취득한 날이 속하는 달의 말일부터 3개월 이내 신고·납부 * 주택을 취득한 날 : 주택의 소유권 이전 등기·등록신청서 접수일

증여재산가액

증여재산가액은 시가를 원칙으로 한다. 시가는 특수 관계가 없는 제3자 간의 거래가액을 말한다. 증여재산가액^(이하 '증여가액'이라 한다)이 낮을 때 증여세를 낮출 수 있으므로 증여가액을 감정으로 최대한 낮추거나 증여의 시기를 조절하여 시가가 낮을 때 증여하는 것이 유리하다.

이처럼 증여가액의 조절을 통해 증여세를 절세할 수 있는데 증여가액은 증여를 해주고자 하는 물건에 따라 다르게 적용할 수 있다. 원칙은 시가이지만, 아파트처럼 매매사례가액의 변동성이 큰 경우에는 감정가액을 적용하는 것이 향후 매매사례가액에 변동이 있을 경우 시후 증여세를 추정할 때에 안정적이다. 감정가액은 증여세에서 비용으로 공제되므로 절세에도 유리하다. 일반주택이나 농지 등의 경우, 금액이 적다면 기준시가를 적용할 수 있다. 이는 물건별 증여에서 보다 자세히 기술한다.

< 가액의 판단 : 시가 원칙 → 보충적 평가 >

아파트	매매 사례가액 (실거래가 공시)
상업용 건물	감정평가 → 보충적 평가
토 지	감정평가 (10억 원 이하 공시지가)
단독주택	감정평가 또는 공시가액

증여시점을 조절해서 증여세를 절세하는 방법도 가능하다. 예를 들어 주택이나 토지는 4월 공시지가 발표 전에 증여하는 것이 유리하고 주식이나 가상자산은 가격이 하락한 시기에 증여하는 것도 절세의 방법이다.

특히 금융자산은 3개월 이내에 증여 취소가 가능하므로 주식이나 가상자산을 증여하고 추가적으로 가격이 하락한다면, 증여 취소 후 다시 증여하는 방법으로 증여세를 낮출 수 있다. 그러나 부동산은 등기의 문제가 있으며 취득세를 이중으로 납부할 수 있으므로 부동산 가격이 하락했다고 해서 증여를 취소하여 절세하는 방법은 사용하지 않는다.

증여재산가산액

증여가액은 동일인에게 10년 내 증여받은 가액이 있다면 합산하여 과세된다. 동일인은 직계존속의 경우 그 배우자를 포함한다.

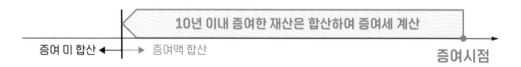

이 규정을 활용하면 10년 이내 증여분만 합산 가능하므로 자녀에게는 매 10년

마다 증여하는 것도 유리하다. 오래된 자산을 배우자에게 증여하는 것도 바람직하다. 증여를 하게 되면 새로운 취득이 되므로 오래전의 가액보다 증가한 가액으로 취득가액이 조정되기 때문이다.

증여재산 공제액

증여를 해준다고 하여 모두 과세되는 것은 아니다. 증여 대상자에 따라 10년간 다음의 증여재산 공제금액은 세금을 과세하지 않는다.

증여재산공제(10년.통산)			
부부간	직계존속	직계비속	기타 친족 간
6억 원	5천만 원(2천만 원)	5천만 원	1천만 원

*세대생략 할증 : 기본 30%, 미성년자 20억 원 초과 40%

배우자 간에는 6억 원까지 세금이 없다. 직계존속으로 받는 경우에는 5,000만 원(미성년자의 경우에는 2,000만 원)까지 세금이 없다. 그리고 사위, 며느리, 사촌 등 형제자매 등 기타 친족의 경우에는 1,000만 원까지 세금이 없다.

직계존속 중 배우자는 동일인으로 본다. 따라서 아버지와 어머니에게 동시에 받더라도 증여재산공제는 5,000만 원이 적용된다. 그리고 아버지와 할아버지에게 동시에 받은 재산도 둘 다 직계존속에 해당하므로 증여재산 공제는 5,000만 원만 적용한다.

세율

증여세의 세율은 다음과 같다. 증여세는 증여가액이 늘어날수록 세율이 늘어나는 초과 누진세율 구조로 되어 있다.

상증세율		
과표	세율	누진공제
1억 원 이하	10%	-
5억 원 이하	20%	1천만 원
10억 원 이하	30%	6천만 원
30억 원 이하	40%	1억 6천만 원
30억 원 초과	50%	4억 6천만 원

위 표와 같이 1억 원 이하는 10%의 세율을 부담하고, 1억 원에서 5억 원까지는

20%의 세율을 부담한다. 따라서 증여세를 절세하려면 낮은 세율에 걸리도록 증여하는 것이 유리하다. 대체로 20% 이하의 세율은 소득세에 비하여 우리나라에서는 재산을 형성하는 데 낮은 세율에 속하므로 5억 원 이하의 증여는 낮은 세율로 자산 형성을 도와줄 수 있는 세금 범위이다. 또한 세율과 관련하여 절세할 수 있는 점은 증여자를 나눌수록 각각 받은 사람이 증여세를 부담하기 때문에 증여세는 낮을수록 줄어든다.

증여의 경우

- 각자 받은 재산 증여세 과세
- 재산 나누어 낮은 세율
- 준비와 계획이 가능

과세표준	세율	누진공제
1억 원 이하	10%	-
1억~5억 원	20%	1천만 원
5억~10억 원	30%	6천만 원
10억~30억 원	40%	1억 6천만 원
30억 원 초과	50%	4억 6천만 원

계산방법: 과세표준 x 세율 - 누진공제

5억 원의 증여세를 한 명이 내게 되면 9,000만 원의 세금을 부담하지만 5명이 나누게 되면 각 10%의 세율이 적용되어 5,000만 원으로 총 세금 부담액을 줄일 수 있다.

세대분리를 이용해
주택을 증여하면 유리하다

다주택자나 1주택자라 하더라도 주택을 더 늘려나가는 것은 종합부동산세의 부담도 늘어나고 정부정책에 반하는 투자에 해당하기 때문에 좋은 투자 방법은 아니다. 따라서 다주택자는 세금이 중과되는 양도보다 증여가 유리하고 1주택자도 본인의 집을 늘리는 것보다 자녀가 집을 가지도록 만들어주는 것에 관심이 늘어나고 있다.

다주택자의 양도소득세율과 증여세율의 비교

양도소득세율과 증여세율 모두 최고 세율은 50% 정도로 높은 편이다. 그러나 양도소득세는 양도차익에 대해서 내는 것이고 증여세는 증여가액에 대해서 내는 것이므로 재산가액이 비교적 적은 아파트 등을 증여하는 경우에는 증여세율이 유리할 수 있다.

양도세율			
과세표준	세율	2주택	3주택
1,200만 원 이하	6	26	36
4,600만 원 이하	15	35	45
8,800만 원 이하	24	44	54
1억 5천만 원 이하	35	55	65
3억 원 이하	38	58	68
5억 원 이하	40	60	70
5억 원 초과	42	62	72
10억 원 초과	45	65	75

증여세율	
증여세 세율	세율
1억 원 이하	10
5억 원 이하	20
10억 원 이하	30
30억 원 이하	40
30억 원 초과	50

* 예외 : 양도차익이 적은 경우는 양도가 유리할 수 있음

위 표와 같이 주택의 양도소득세율은 5억 원을 초과하는 차익에 대해서는 40% 이상의 세금을 부담한다. 특히 2주택자나 3주택자는 각각 62%, 72%의 세금을 부담하게 되므로 함부로 팔 수 없다. 그러나 증여로 자녀에게 증여한다면, 5억 원 이하에서는 20%의 세율만 부담하게 되므로 자녀에게 증여하는 것이 훨씬 유리하다.

이런 이유로 다주택자는 종합부동산세의 부담을 피하기 위해 양도로 파는 것보다는 세대 분리된 자녀에게 증여하는 것이 비교적 유리하다. 최근 2023년 5월

10일까지 양도소득세 중과가 완화된 시점에서는 증여와 양도 그리고 부담부증여 중 어떻게 하는 것이 종합부동산세를 줄이는 데 도움이 될까 하는 점에서 검토가 활발하게 이루어지고 있다.

증여가 좋은 시기: 자녀의 세대분리 가능 시점

자녀의 세대분리가 가능하면, 다주택 수를 줄일 수 있는 장점이 있고 자녀가 소득이 생기는 시점에서는 증여세를 연부연납으로 납부할 수 있어 유리하다.

세대분리의 요건은 실질적으로 따로 거주하면서 요건을 갖춘 경우여야 한다. 실질적으로 따로 거주하여야 하므로 주민등록만 옮겨 놓는 것은 다주택 중과세, 양도소득세에서는 세대 분리로 인정되지 않는다.

세대의 구성이 되려면 다음의 세 가지 중 하나를 만족하여야 한다.

① 연령이 만 30세 이상인 경우

② 배우자가 있거나 또는 배우자가 사망하거나 이혼한 경우

③ 소득이 「국민기초생활 보장법」 제2조 제11호에 따른 중위소득의 100분의 40 수준 이상으로 소유하고 있는 주택 또는 토지를 관리·유지하면서 독립된 생계를 유지할 수 있는 경우^(미성년자 제외)

참고로 연도별 중위소득은 다음과 같다.

자녀가 중위소득의 40% 이상(2022년 기준 약 78만 원) 소득이 있기 시작하면, 세대분리가 인정되므로 자녀의 소득창출 시점이 증여하기 좋은 시점이 된다.

< 연도별 기준 중위소득 >

(단위: 원)

구분	1인	4인
2019년	1,707,008	4,613,536
2020년	1,757,194	4,749,174
2021년	1,827,831	4,876,290
2022년	1,944,812	5,121,080

주택의 증여세법상 가치평가가 적은 시점

세법에 따르면 증여 시 가치평가는 시가가 원칙이다. 주택은 크게 일반 단독주택과 아파트로 나뉘고 증여 시 모두 시가 평가가액의 적용이 중요하다.

단독주택의 경우 동일한 물건이 없기 때문에 매매사례를 찾기 힘들어 시가를 산정하기 매우 어렵다. 단독주택에 채무 등이 있어서 감정이 되는 경우에는 증여할 주택의 감정평가액이 다른 주택의 매매사례가액 시가 판단에 우선적으로 적용된다. 그러나 감정가액도 없는 경우는 주택의 기준시가를 적용한다. 동일 물건이 여러 채 있는 빌라 등의 경우에는 기준시가가 비슷한 경우 매매사례가액이 적용될

단독주택 : 감정평가액 있는 경우 우선적용
　　　　　　매매 사례 없는 경우 기준시가 적용 가능

 아파트 : 시가원칙
　　　　해당 아파트의 **감정평가**는 우선적용
　　　　아파트의 시가는 **매매 사례가액 적용 가능**

수 있으니 주의하여야 한다. 일반적으로 시가보다 공시가액은 시가의 50~70% 정도로 적게 나오므로 증여세도 절감할 수 있다.

매매사례가액 적용의 판단

아파트를 증여하는 경우에는 비슷한 물건이 많으므로 매매사례가액이 존재하는 경우가 많다. 세법에서는 증여일 전 6개월, 증여 후 3개월의 유사 매매사례가액은 시가로 인정된다. 유사 매매사례가액은 해당 재산의 시가가 없을 때에만 적용된다.

자료: 국토교통부 실거래가 공개시스템, 〈rt.molit.go.kr/〉

① 1순위: 당해 재산의 매매 등의 가액(매매, 감정, 수용, 경매 등 가액)

② 2순위: 유사매매사례가액

③ 3순위: 보충적 평가가액(기준시가)

아파트의 증여 같은 경우에는 감정가액이 없다면 유사 매매사례가액이 우선적

으로 적용되며 보충적 평가가액(기준시가)이 적용될 여지는 매우 적다.

공동주택의 경우 평가기간(3개월) 이내 가액이 둘 이상인 경우에는 평가기준일을 전후하여 가상 가까운 날에 해당하는 가액을 그 시가로 한다. 유사 매매사례가액이 둘 이상인 적용 순서는 다음과 같다.

① 기준시가 차이가 가장 적은 공동주택의 가액[23]
② 가장 가까운 날에 해당하는 공동주택의 가액이 둘 이상일 시 평균액[24]

국토 교통부의 실거래가 공개 시스템을 활용하면, 실제 매매사례가액이 최근에 어떻게 이뤄졌는지 확인할 수 있다.

감정가액 적용 방법

매매사례가액이 없는 경우 감정을 받는 것이 유리하다. 증여가액을 적용할 때 증여시점에는 매매사례가 없어도 가액 평가 기간인 3개월 이내에 특이한 거래에 의해 사례가액이 나타날 수 있으므로 증여 시에는 감정평가를 받는 것이 유리하다. 감정가액의 원칙은 둘 이상의 감정기관에 감정을 의뢰하여야 한다. 감정을 받았다고 해서 모두 가액이 인정되는 것도 아니다. 다음의 두 경우에는 감정가액에서 인

---

23 상증칙 제15조제3항
24 상증령 제49조제2항

정되지 않는다.

① 상속증여세 납부 목적에 적합하지 않은 감정가액
② 원형대로 감정하지 않은 감정가액

그러나 10억 원 이하의 감정을 받는 경우에는 하나의 감정기관에 의한 감정가
액이라고 하더라도 시가로 인정된다. 그러나 이 경우에도 감정가액이 기준금액^{(보}
^{충적 평가액 또는 유사 매매사례가액의 90%)} 이하인 경우에는 세무서장 등이 평가 심의위원회
의 심의를 거쳐 재감정을 할 수 있다. 감정 평가 비용은 증여세 계산 시에 필요경비
로 인정된다. 증여세 납부는 대체로 받은 사람^(자녀)이 납부하여야 하므로 감정평가
비용도 받는 사람이 내는 것이 바람직하다.

부자들의 최고 관심사,
부담부증여로 절세하기

부담부증여는 증여와 채무의 인수가 같이 이루어지는 증여의 형태이다. 세법에서는 무상의 자산 이전에 대해서는 증여로 보아 증여세를 과세하고 유상의 자산 이전에는 양도로 보아 양도소득세를 과세한다.

< 부담부증여의 세금 체계 >

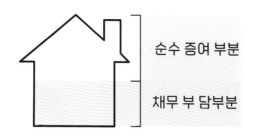

순수 증여 부분 — 무상 이전 증여세 과세
받는 사람= 증여세 납부

채무 부 담부분 — 유상 이전 양도세 과세
주는 사람= 양도세 납부

부담부증여의 두 가지 세금

① 순수 증여 부분

채무가 없이 순수하게 증여를 해주는 부분은 부의 무상 이전이므로 증여에 해당한다. 따라서 수증자(증여를 받는 사람)가 증여세를 부담한다.

② 채무 부담 부분

채무를 부담하도록 하여 자녀에게 증여하는 경우에는 채무 부담의 부분은 부모님이 갚아야 할 채무를 자녀가 대신 받은 것이 된다. 따라서 이는 유상으로 부를 이전한 경우에 해당하므로 양도에 해당한다. 양도소득세는 파는 사람이 내야 하므로 증여자(주는 사람)이 양도소득세를 부담한다.

부담부증여가 유리한 경우

부담부증여는 5억 원 이하의, 20% 이하로 낮은 증여세율을 활용할 수 있을 때 유리하다. 그리고 채무에 해당하는 양도소득세는 1세대 1주택 비과세에 해당하는 경우에는 12억 원까지 세금이 없다.

일반적인 증여로 10억 원을 증여하는 것은 증여세 최고 세율인 30%가 적용된다. 그러나 기존에 있는 채무^(보증금, 은행 등 5억 원 가정)로 일부는 채무를 인수하는 부담

다. 그러나 기존에 있는 채무(보증금, 은행 등 5억 원 가정)로 일부는 채무를 인수하는 부담부증여를 한다면, 증여 부분은 20%의 세율로 줄일 수 있고 채무인수 부분은 양도가 되어 비과세를 활용할 수 있다면, 세금의 절세효과가 커진다.

특히 2023년 5월 10일까지 다주택자 중과세가 완화되어 다주택자들이 일반증여를 하는 것보다 부담부증여를 하는 것이 유리한 경우가 많이 있다. 다주택자라 하더라도 취득가액이 높은 경우에는 양도소득세 부담이 적으므로 유리할 수 있다. 이 두 가지의 세금 부담이 일반증여보다 적다면 절세가 가능하다.

인정되는 부채, 인정되지 않는 부채

증여일 실질적으로 수증자가 받는 부채만 부담부증여로 인정된다. 따라서 증여 당일 존재하지 않는 부채라거나 부담부증여를 위한 위장 부채는 인정되지 않는다. 구체적으로 다음의 부채는 부담부증여 시 부채로 인정되지 않는다.

① 증여일 이후 발생한 부채

부담부증여는 이미 존재하는 부채를 승계하는 것이므로 예상 채무를 부채로 인정하지 않는다. 따라서 임대보증금을 높이기로 하여 높아진 금액을 부담부증여로 하는 것[25]

---

25 국심2006서690, 2006. 11. 6.

은 인정되지 않는다. 채무는 부담부증여일 현재 존재하는 것만이 인정된다.

② 증여일 직전 대출받은 부채

증여자가 증여일 직전에 대출을 받아 은행 채무를 받은 경우 위장가공혐의가 있는 채무로 보아 정상적인 부담부채무로 보지 않고 재산가액 전액을 증여가액[26]으로 보는 심사판례가 있다.

③ 임대보증금이나 채무를 증여자가 갚아준 경우

채무를 부담한 것에 대해서 대가를 받은 것으로 보아 양도소득세를 과세한 것이므로 채무를 대신 갚아주었다면, 대가가 없이 증여를 한 것이 된다. 부담부증여를 한 이후에 채무를 갚아주는 경우에는 증여세가 추가로 추징되는 경우가 많으므로 주의하여야 한다.

부담부증여의 취득세 문제

부담부증여는 취득세도 다르다. 취득세의 경우 최근 중과가 적용되므로 이에 대한 부분이 중요하다. 특히 증여세의 경우 다주택자는 중과가 적용될 수 있음에

---

26 심사증여2006-0041

유의하여야 한다.

구분	1주택	2주택	3주택	법인.4주택~
조정대상지역	1~3%	8%	12%	12%
비조정대상지역	1~3%	1~3%	8%	12%

다주택자의 취득세는 위 표와 같이 2주택부터는 8%의 세율로 과세 그리고 3주택 이상부터는 12%의 세율을 부담한다. 그런데 취득세의 부담 주체는 증여받는 사람이지만 증여의 취득세에서의 판단은 주는 증여자의 주택 수를 기준으로 판단한다.

< 부담부증여의 취득세 >

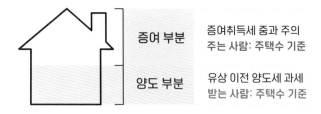

일반적인 매매에 의한 취득세는 일반적으로 취득하는 사람의 주택 수를 기준으로 판단한다. 그러나 부담부증여는 증여와 양도되는 부분이 다르므로, 양도 부분은 받는 사람의 주택수를 기준으로 판단하고 증여에 해당하는 부분은 증여자의 주택수를 기준으로 판단한다. 증여자가 다주택자라면 최고 12%의 중과세가 나올 수

있음에 유의하여야 한다.

취득세의 2023년 개정과 부담부증여 시기

특히 취득세는 2022년까지는 공시가액으로 계산한다. 지방세법 개정안에 의하여 2023년부터는 공시가액이 아닌 시가를 기준으로 취득세를 계산한다. 이를 정리하면 부담부증여를 하기 위해서는 다음과 같은 순서로 유리하다.

① 2022년 4월 공시가액 발표 전 증여가 유리
② 2022년 12월 31일까지 공시가 증여가 유리
③ 2023년 1월 1일 이후는 동일, 매매사례 가액 하락 시가 유리

주식·가상자산 증여세가 많으면
3개월 내로 반환하자

주식의 경우 가치 변동이 심하므로 주식을 증여할 때에는 가장 저렴할 때 증여하는 것이 유리하다. 주식을 저점에 사기도 힘든데 증여를 주식 저점에 한다는 것이 가능할까? 하지만 증여는 어려운 일이 아닐 수 있다. 증여는 취소할 수도 있기 때문이다.

증여를 취소하는 방법과 재차 증여

증여 후, 증여를 취소하여 증여재산을 반환하는 경우 원칙적으로 반환도 증여에 해당한다. 다만 증여세 신고기한(증여일 말일로부터 3개월)이 경과하기 전에 반환하게 되면 당초 증여가 없었던 것으로 본다. 본래 증여도 증여세가 과세되지 않고 반환한 것도 취소되어 과세대상이 되지 않는다.

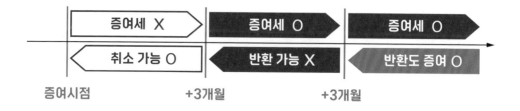

< 증여취소 시 증여세 부담 여부 >

그러나 증여세 신고기한이 경과한 후 반환하면 당초 증여에 대해서는 증여세가 과세된다. 하지만 이 경우에도 증여세 신고기한 경과 후 3개월 이내에 증여재산을 반환하는 경우에는 당초 증여세는 부담하지만 반환에 대해서는 증여세가 과세되지 않는다.

증여 신고 기한 후 3개월 이후에 반환이 된다면 당초의 증여세도 과세되고 반환한 것도 증여세가 과세되므로 유의해야 한다. 특히 금전의 경우에는 반환시기에 상관없이 반환이 이루어지면 무조건 본래증여와 반환 모두 증여세 과세대상이 되므로 예금으로 증여 신고한 것은 취소가 되지 않는다. 또한 부동산의 경우에는 증여 취소를 3개월 이내에 한다고 하더라도 납부한 취득세가 반환되지 않으므로 부동산은 특히 유의하여야 한다.

주식은 증여한 것에 대해 취득세도 들지 않고 금전이나 예금이 아니므로 증여의 취소가 가능하다. 따라서 증여하고 난 이후에 가액이 더 많이 떨어진다면 증여의 취소를 통해 가장 저렴한 시기에 주식을 증여할 수 있다.

주식 증여의 시기와 가치평가 방법

상장된 주식의 가치평가 기준은 증여일 가액이 아님에 유의해야 한다. 평가기준일 이전·이후 각 2월간에 공표된 매일의 최종시가 ^(거래실적의 유무를 불문한다)의 평균액을 평가한 가액으로 한다. 이를 그림으로 나타내면 다음과 같다.

< 상장주식의 상속증여 세법상 평가방법 >

- 평가 기준일 이전 이후 각 **2월간 종가 평균액**

가상자산 가치평가 방법

2022년 1월 1일 이후 가상자산을 상속·증여하는 경우 국세청장이 고시하는 가상자산사업자^(이하 '국세청장 고시 사업자')의 사업장에서 거래되는 가상자산은 상속개시일 또는 증여일^(이하 '평가기준일') 전·이후 각 1개월 동안에 해당 가상자산사업자가 공시하는 일평균가액의 평균액으로 평가한다.

< 국세청장 고시 가상자산사업자 >

상 호	서비스명	비 고
두나무 주식회사	업비트	
주식회사 빗썸코리아	빗썸	금융정보분석원 신고수리 완료
주식회사 코빗	코빗	
주식회사 코인원	코인원	

2021년 12월 31일 이전과 비교하여 2022년 1월 1일 이후 새롭게 적용되는 상속세 및 증여세법상 가상자산 평가 방법은 다음과 같다.

'21년 12월31일 이전	'22년 1월1일 이후	
	국세청장 고시 사업자의 사업장에서 거래되는 가상자산	그 외 사업장에서 거래되는 가상자산
평가기준일 현재 시가* *거래일의 최종시세가액, 거래시점 가액 등 합리적으로 인정되는 가액	평가기준일 전·후 각 1개월 동안의 일평균가액의 평균액	거래일의 일평균가액 또는 최종시세가액 등 합리적으로 인정되는 가액

이를 그림으로 표현하면 다음과 같다.

< 가상자산의 상속증여 세법상 평가방법 >

- 2022.1.1 이후: 평가 기준일 이전 이후 각 **1월간 일평균가**의 평균액

318 •

예를 들어 국세청장 고시 사업자의 사업장인 4개 거래소에서 모두 거래되는 가상자산은 4개 거래소에서 공시한 일평균가액의 평균액을 "가상자산 일평균가액"으로 보아 평가기준일 전·이후 각 1개월 동안의 평균액을 계산한다.

국세청에서는 평가기준일 전·이후 각 1개월간 일평균가액 평균액 계산의 어려움을 해소하기 위해 홈택스에 "가상자산 일평균가격 조회" 화면을 통해 확인할 수 있다.

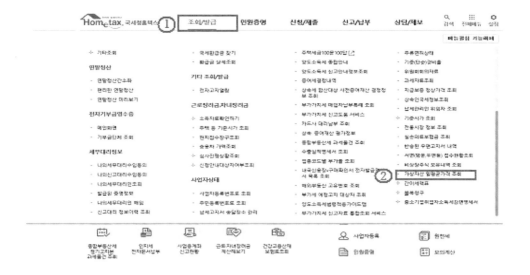

자료: 국세청, 〈www.hometax.go.kr〉

주식, 가상자산 증여의 장점

주식 증여는 금융투자소득세가 적용되는 2023년 1월 1일 이후 더욱 절세효과가 커질 수 있다. 금융투자소득세가 3억 원 이하 22%^(3억 원 초과 27.5%)의 세율로 과

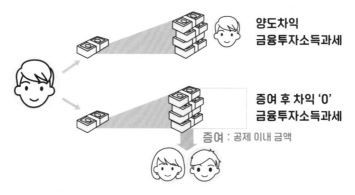

세되고 가상자산투자가 20%의 세율로 과세되는데 증여를 활용하면 세금을 내지 않아도 되기 때문이다.

본인이 가지고 있는 차익이 많은 주식이나 가상자산을 그냥 양도하게 되면 양도차익에 대해 금융투자소득의 세금을 낼 수 있다. 그러나 배우자^(증여공제 6억 원)나 자녀^(증여공제 5,000만 원, 미성년 2,000만 원)에게 증여 후 양도하는 방법을 선택할 수 있다. 해당 금액 이하로 증여한 후 양도한다면 증여세 없이 취득가액을 높일 수 있다. 그

이후 높아진 증여가액이 취득가액이 된다. 더 높은 가격으로 양도를 하더라도 차익에 내한 세금이 없거나 세금을 현저히 줄일 수 있다.

예를 들어 A씨가 취득가액 2억 원, 양도가액 5억 원인 주식이 있을 때, 그냥 양도한다면 양도차익 3억 원에 대해서 세금을 내야 하는데, 이를 배우자에게 증여한 다음(증여공제가 6억 원까지이므로 증여세가 없음), 5억 원 그대로 양도한다면 양도소득세가 없을 수도 있고, 이후 6억 원까지 가격이 상승해서 양도한다면 1억 원에 대한 양도소득세만 내면 되기 때문에 절세가 가능하다.

상가건물 절세 전략
_감정평가로 증여세 아끼기

상가나 건물은 가치가 높으므로 상속세가 걱정인 경우가 많다. 상가나 건물은 건물의 가치와 토지의 가치가 다르다. 시간이 지날수록 건물의 가치는 감가상각으로 하락하나, 토지의 가치는 물가 상승으로 높아지는 것이 일반적이다. 따라서 그 가치가 다르게 변하는 것을 활용한다면 절세 효과가 높은 증여 방법을 찾을 수 있다. 특히 '꼬마 빌딩'은 그 토지 공시가격이 80억 원 이하이면 종합부동산세도 과세되지 않는 점도 아파트보다 유리한 장점이다.

상가건물 중 시가 10억 원 이상의 상업용 건물은 감정평가를 통해 증여 여부를 검토해야 한다. 상속세 및 증여세법에서는 상속세나 증여세가 부과되는 재산에 대해 상속 개시 및 증여 당시의 시가로 평가하도록 규정되어 있다. 시가의 결정을 위해 꼬마 빌딩은 감정평가를 통해 증여가액 결정을 하는 것이 바람직하다.

기준시가로 신고된 꼬마 빌딩은 국세청의 평가심의위원회를 통해 감정평가를 국세청의 비용으로 진행한다. 감정평가 방법은 둘 이상의 감정기관의 감정기관에 의뢰하고 감정평가가 완료된 이후에는 평가심의위원회에서 시가 인정 여부를 심의하여 삼정평가 금액으로 과세한다. 기준시가보다 감정평가액이 대부분 높기 마련이므로 증여세로 추징되는 금액이 많을 수밖에 없다. 따라서 감정평가를 통해 진행하는 것이 향후 증여세를 추징받지 않는 면에서 바람직하다. 다만 기준시가로 신고하더라도 추후 감정가액으로 과세될 때 가산세는 적용하지 않는다.

건물만 증여 시, 절세 효과 검토

전체 토지와 건물의 가치를 감정가액을 비교하여 보면 건물의 가치가 토지 가치보다 현저하게 낮다. 가치가 낮은 건물의 증여는 비교적 적은 가액으로 증여 가능한 장점이 있다. 그리고 임대료의 배분에 대해서도 다음과 같은 장점이 있다.

조심2009서0291, 2010.04.15.
특수관계자 간에 토지와 건물의 소유자가 다른 경우에 쟁점토지만의 적정임대료 산정은 전체 재임대가액을 토지의 공시지가와 건물의 기준시가를 기준으로 안분계산하는 것이 타당함 청구인이 건물을 소유한 ooo및 동 지상 2층 건물(이하 '쟁점부동산'이라 하고, 토지 부분을 '쟁점토지', 건물 부분을 '쟁점건물'이라 한다)에 대한 모든 임대수입을 청구인 자신의···

임대료의 배분에 있어서 건물과 토지의 가치가 다를 경우에는 세법의 판례대로 공시가액을 기준으로 임대료를 배분할 수 있다. 이렇게 하는 경우 실질적으로 토지의 높은 가액으로 증여를 하는 것보다 비교적 낮은 건물로 증여하여 기준시가의 비율대로 임대료를 많이 배분받을 수 있으므로 유리하다.

<건물 및 토지 감정비율 및 공시가액 비율>

구 분	감 정 가		기 준 시 가	
	감정금액	비율	기준시가	비율
토 지	329.8	94%	135.74	86%
건 물	20.6	6%	21.73	14%

토지 증여 방법 및 상속세 절세효과

부동산 증여는 가치가 높아질 자산을 증여하는 것이 좋다. 토지와 건축물 중 향후 가치가 높아질 자산은 토지이기 때문에 절세하기 위해 토지를 증여하는 방법을 많이 활용하고 있다. 그중 토지만 있고 건물을 짓기 전이거나 건물이 낡아서 건물을 신축할 계획이 있는 경우에는 토지의 지분을 증여하는 것이 유리하다.

토지 증여의 장점

토지를 증여하는 경우의 장점은 다음과 같이 요약할 수 있다.

① 건물 증여와 반대로 부모님의 임대 수익을 높게 유지 가능

② 토지 증여를 통한 가치상승분을 자녀가 영위하며 상속세 절세 가능

토지 증여의 단점

토지를 증여하는 경우의 단점은 다음과 같다.

① 토지의 감정평가 가치가 크므로 많은 지분을 줄 수 없음

② 증여세 등의 비용이 크며 연부연납으로 납부 시 증여세 부담이 있음

각각의 건물마다 사례는 다를 수 있지만, 토지를 건물보다 먼저 증여하는 것은 증여의 지분이 크지 않고 임대료 배분에도 유리하지 않으므로 건물을 우선적으로 증여하는 것이 유리할 수 있다. 토지와 건물분의 증여를 고려할 때 우선순위는 자녀의 소득상태 여부에 따라 달라질 수 있다. 자녀의 소득이 적다면 현재 감정평가 가치가 낮은 건물을 먼저 증여하고 이에 따른 임대료를 공시가액으로 나누어 임대료를 배분받아 자녀들의 소득을 늘려주는 것이 우선적으로 고려하는 것이 바람직하다.

또한 이후에 자녀들의 소득이 적정하게 쌓이면, 차후 토지 등의 지분을 받을 수 있는 자금을 마련하는 것이 바람직하다. 상가 꼬마 빌딩은 부담부증여 검토가 꼭

필요하다. 상가는 보증금이나 대출이 있는 경우가 많으므로 부담부증여를 활용하는 방법을 검토하는 것이 좋다. 부담부증여란 증여자의 채무를 인수하는 조건의 증여계약인데 채무 상당액은 증여를 해주는 사람이 대가를 받는 부분이므로 양도소득세 대상이다. 증여 재산 평가액에서 채무를 차감한 부분이 순수한 증여 부분이므로 증여세 대상이다. 부담부증여는 취득가액이 높은 경우 양도소득세의 부담이 적으며 채무 부분이 높으면 증여과표가 낮아져 증여세를 보다 낮은 세율로 부담할 수 있다.

가족에게 빌렸다고 이자를 안 내면
증여세 폭탄 맞는다

증여는 신고가 한 번에 끝나는 것이 아니다. 증여신고는 3개월이면 끝나지만 증여의 결정은 통상 9개월 정도 걸린다. 증여 결정이 끝났다고 하더라도 사후관리를 하게 되는데 사후관리를 통한 증여세의 추징이 많이 나오고 있다.

증여 후 세무조사

증여는 신고만 하면 세무조사가 없을 것이라고 생각할 수 있다. 그러나 증여 이후에도 사후관리를 하게 되는데 이후 세무조사는 가족 간의 대여 문제 채무의 상환과 대납의 문제 그리고 가족 간 통장거래 등의 관리가 나올 수 있다.

증여 상담 ➡ 증여 확정 ➡ 증여 신고 ➡ 증여 결정 ➡ 사후관리

부동산 등기 접수일
예금 등 입금일

증여일의 말일
3개월 내 신고
증여세 납부

정부 확정 제도

가족 간 대여 문제
채무의 대납지급
가족 간 통장거래

가족 간의 대여 문제

가족 간의 채무 대여는 원칙적으로 인정하지 않는다. 그러나 실제 이자지급 및 채무 상환의 사실이 입증된다면 채무로 인정을 해줄 수 있다.

조심2010서3418, 2010.12.31

직계존비속 간에는 금전소비대차가 원칙적으로 인정되지 않고 금전소비대차계약서 및 이자지급 사실이 입증되지 않으므로 아들의 주택취득자금 중 일부를 모친으로부터 증여받은 것으로 보아 증여세 과세

가족 간 대여는 공증이나 내용증명만으로는 인정되지 않는다. 실제로 금융증

빙으로 이자와 채무금액을 상환한 것이 입증되어야 한다. 가족 간 지급해야 하는 이자는 현재 연 이자율이 4.6%로 정해져 있다.[27] 이자를 적게 지급하는 경우에는 4.6%와 이자지급액의 차액이 연 1,000만 원 이상이면 증여세를 과세한다.

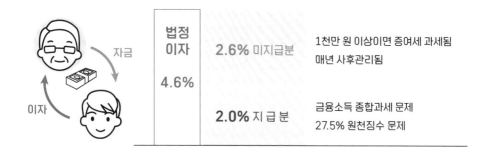

그리고 이자를 지급받는 대여자의 경우에도 이자 지급분의 27.5%를 원천징수하여 그 금액이 2,000만 원을 넘어가게 되면 금융소득 종합과세대상이 될 수 있다.

부담부증여 이후 채무상환조사

부담부증여 이후에는 채무를 누가 갚았는지가 중요하다. 이 대출의 채무에 대해 부모님이 갚아준다거나 허위 차용계약을 통해 채무를 대신 갚아준 경우에는 증여세가 과세된다.

---

27 상속세및증여세법시행규칙 제10조의5

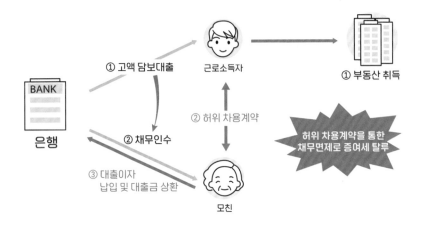

부모의 카드 사용 및 부모 회사에서의 급여 지급

부모가 자녀에게 전세자금을 빌려준 것은 아직 증여는 아니다. 전세자금을 활용해서 집을 구입하는 데 자금으로 썼다면 그것은 추가적으로 증여가 된다.

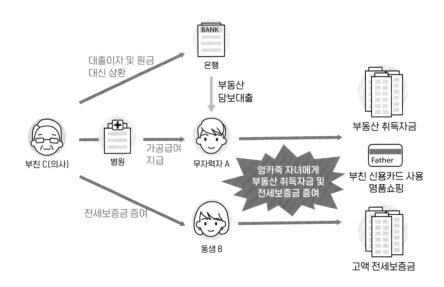

위 사례에서는 부친의 회사에서 자녀에게 가공급여를 지급하였던 것에 증여세를 과세였다. 그리고 전세보증금을 활용해서 새로운 부동산을 취득하는 것에 증여세가 소급하여 과세된 사례이다. 또한 부모의 카드를 사용하도록 한 내용도 증여세를 과세한 사례이다. 이런 부분을 잘 고려하지 않고 자녀에게 물려준다면 사후적인 세무조사를 통해서 과세가 될 수 있음에 유의하여야 한다.

증여 이후 10년 내 양도하면 이월과세가 적용됨

증여 이후에는 10년(2022년 12월 31일 이전 증여 5년)간 증여한 부동산을 양도하면 안 된다. 양도를 하게 되면 소득세법에서는 이월과세가 적용된다. 이월과세란 증여자가 '배우자나 직계존비속'에게 증여 후 10년 이내에 증여한 자산을 양도할 경우 적용된다. 이월과세가 적용되면 양도소득세의 납세자는 '배우자 등'이지만, 세액은 거주자의 이전 취득가액을 기준으로 직접 타인에게 양도한 것처럼 계산하여 과세하는 방식이다. 이때 납부한 증여세는 필요경비에 산입된다.

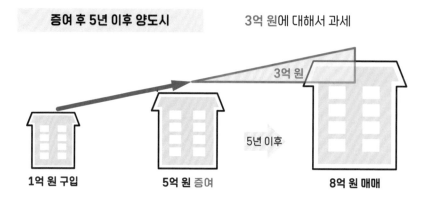

증여 후 **5년 이후 양도시**   3억 원에 대해서 과세

3억 원

5년 이후

1억 원 구입   5억 원 증여   8억 원 매매

예를 들어 1억 원에 구입한 주택을 자녀나 배우자에게 5억 원에 증여를 한 후 10년이 지나 8억 원에 팔게 된다면 취득가액이 5억 원이 인정되어 3억 원에 대해서만 양도소득세를 내면 된다.

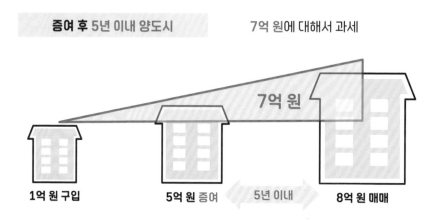

증여 후 **5년 이내 양도시**   7억 원에 대해서 과세

7억 원

1억 원 구입   5억 원 증여   5년 이내   8억 원 매매

* 이경우 납부한 증여세는 필요경비로 양도세에서 빼준다

그러나 증여한 이후 5년 이내에 증여한 재산을 양도한 경우에는 당초의 증여자의 취득가액을 적용하여 1억 원에 대해서 취득가액을 적용하여 8억 원과의 차액인 7억 원에 대해 양도소득세를 부과한다. 이때 5억 원에 해당하는 증여세를 낸 금액은 양도 시 필요경비로 인정된다.

이월과세 적용의 예외

증여를 받은 후 10년 이내에 팔지 않는다는 것을 모든 재산에 대해 적용하는 것은 무리가 있다. 따라서 세법에서는 세 가지 예외적인 사유를 두고 있다. 다음 어느 하나에 해당하는 경우 이월과세의 예외를 주고 있다.

① 증여 후 2년 이후에 사업인정고 시 및 협의매수 또는 수용된 경우
② 이월과세 적용 시 1세대 1주택 또는 일시적 2주택에 해당하여 비과세되는 경우는 이월과세 적용되지 않는다. 과세를 더 많이 하려는 취지이다.
③ 이월과세 미적용 양도소득세액이 적용한 양도소득세액보다 더 큰 경우는 더 많은 세금을 부담하도록 비교 과세한다.

증여와 상속 중,
무엇이 더 유리할까?

상속과 증여는 더 이상 부자들만의 세금은 아니다. 10억 원이 넘는 재산을 가지면 상속세를 납부해야 하는 현재의 세법에서는 상속과 증여를 잘 알아야 가족의 재산을 지킬 수 있다. 그런 점에서 상속과 증여의 공통점과 차이점을 잘 아는 것은 중요하다.

상속과 증여의 공통점과 차이점

증여와 상속은 무상으로 자산을 이전하여 주는 행위라는 점이 같다. 증여와 상속의 가장 큰 차이는 증여는 사전에 하고 상속은 사후에 한다는 것이다.

그래서 사전 증여라는 말을 많이 쓴다. 사전 증여는 여러 장점이 있다. 말 그대로 증여는 사망 전에 자산을 계획적으로 줄 수 있으므로, 상속 이후의 상속분쟁을 다소 줄일 수 있다. 그리고 증여는 자산이 많이 오르기 전 저렴한 시기를 선택해서 줄 수도 있다.

증 여 (사전)	상 속 (사후)
증여 받은 재산 기준 **3개월 내** 신고 납부	**6개월 내** 신고 납부

그러나 상속은 돌아가시고 난 이후의 세금신고이므로 상속 이후에는 절세를 할 방법이 많지 않다. 특히 자녀와 배우자인 상속인이 상속 10년 전에 증여한 것이라면 상속재산에 합산되므로 상속이 임박한 증여도 절세 효과가 크지 않을 수 있다. 정확히 말하자면 장기간의 증여 플랜이 절세 방법 검토에 있어 가장 유리하다.

증여와 상속 신고기일의 차이

증여세는 증여를 받고 나서 증여일의 말일로부터 3개월 이내에 신고 · 납부를 하여야 하고 상속의 경우에는 상속일의 말일로부터 6개월 이내에 신고 · 납부를 해야 한다.

증여는 미리 준비를 하여 증여 시기도 선택할 수 있으므로 3개월의 시간이 충분한 편이지만, 상속의 경우에는 애도의 기간, 통장서류 등을 준비하는 기간, 자녀들 간의 재산을 나누는 데 갈등을 해소하는 시간 등을 고려하면, 상속준비기간 6개월은 넉넉한 편이 아니다.

증여와 상속의 세율과 공제금액의 차이

사전 상속이 사후 상속을 하는 것보다 절세 측면에서 더 유리할까?

상증세율		
과표	세율	누진공제
1억 원 이하	10%	-
5억 원 이하	20%	1천만 원
10억 원 이하	30%	6천만 원
30억 원 이하	40%	1억 6천만 원
30억 원 초과	50%	4억 6천만 원

세율 면에서 우리나라 증여세율과 상속세율은 10~50%로 동일하다. 5억 원 이하는 20%의 세율로 소득세와 비교하여 적은 반면, 30억 원만 초과해도 최대 50%

의 세율이 적용되므로 상속세나 증여세의 세율이 높은 편이다.

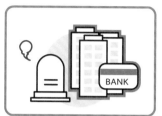

상속의 경우

- 전체 재산 **상속세 과세**
- 전체 재산에 높은 세율
- 준비되지 않은 상속은 폭탄

과세표준	세율	누진공제
1억 원 이하	**10%**	-
1억~5억 원	**20%**	1천만 원
5억~10억 원	**30%**	6천만 원
10억~30억 원	**40%**	1억 6천만 원
30억 원 초과	**50%**	4억 6천만 원

계산방법: 과세표준 x 세율 - 누진공제

상속의 경우 돌아가신 피상속인의 재산 전체에 대해서 과세되므로 높은 세율이 적용될 수 있다. 최근 상속세가 이미 자산 형성 중에 소득세나 양도소득세를 부담한 금액이라는 점에서 이중과세의 원칙에 어긋난다는 논란이 있다.

상속세는 준비를 얼마나 오래 하느냐에 따라 상속세의 편차가 가장 큰 항목이다. 따라서 고액 자산가가 상속을 준비해 놓는다면, 세금 부담을 획기적으로 줄일 수 있지만, 그렇지 않고 상속이 개시된다면 자산의 절반 가까이를 상속세로 내야 하기 때문에 부동산을 급히 처분하거나 사업을 정리해야 하는 경우가 생길 수 있다.

증여의 경우

- 각자 받은 재산 **증여세 과세**
- 재산 나누어 낮은 세율
- 준비와 계획이 가능

과세표준	세율	누진공제
1억 원 이하	10%	-
1억~5억 원	20%	1천만 원
5억~10억 원	30%	6천만 원
10억~30억 원	40%	1억 6천만 원
30억 원 초과	50%	4억 6천만 원

계산방법: 과세표준 x 세율 – 누진공제

그러나 증여의 경우에는 받는 사람을 기준으로 과세하므로 같은 자산 규모라면 증여를 통해 받는 재산을 낮출 수 있으므로 유리하다. 특히 증여는 미리 증여를 하기 위해 가액의 판단이나 증여의 시기 조절, 자녀별로 증여받을 재산을 미리 설계하므로 절세 측면에서 유리한 것이 사실이다. 이러한 사전증여는 가급적 빨리 10년 단위로 하는 게 바람직하다. 증여세의 경우 동일인으로부터 10년 이내에 받은 재산을 합쳐 과세하기 때문이다.

재산 규모별 상속과 증여의 유불리 차이

물려줄 자산이 크지 않다면 증여보단 상속이 유리하다. 공제금액에서 차이가 나기 때문이다. 증여할 경우 증여 재산에서 10년 동안 5,000만 원(미성년자는 2,000만 원)을 공제하는 반면 상속은 일괄공제 5억 원에 배우자가 있는 경우 추가로 배우자 상속공제 5억 원(최대 30억 원)을 받을 수 있다.

배우자만 있어도 최소 10억 원 이하의 상속에 대해서는 상속세를 내지 않는다. 따라서 적은 재산에서는 상속이 유리할 수 있으며 많은 재산에서는 사전 증여를 통한 상속설계가 유리해진다.

① 12억 원의 재산을 상속과 증여로 받을 때의 경우를 생각해보자.

구 분	상속세	증여세
대상 자산	12억 원	12억 원
자녀 3명	-	1인당 4억 원
공제 금액	10억 원(5억 원)	성인 5천만 원
세액 계산	2억 x 20% - 1천 = 3천	3.5억 x 20% - 1천 = 6천
최종 세액	3천만 원	1억 8천만 원

12억 원의 재산을 자녀 3명이 상속으로 받는 경우라면 배우자와 기본공제를 합하여 10억 원까지 상속공제를 받을 수 있다. 따라서 12억 원에서 10억 원을 제외

한 2억 원에 대해서만 상속세를 내면 되며 이는 낮은 세율인 20%를 부담하므로 상속세는 3,000만 원을 부담하면 된다. 같은 금액을 증여로 받는다면 증여세가 클 수도 있다.

12억 원의 재산을 증여로 받는 경우에는 1인당 4억 원씩을 받게 된다. 자녀가 성인인 경우 3명이 각 5,000만 원씩 공제를 받게 된다. 1인당 4억 원에서 5,000만 원을 차감한 3억 5,000만 원에 대해 증여세를 부담하는 것이다. 각각의 증여세를 계산하면, 3.5억 원에서 20%를 곱하고 1,000만 원을 공제하면 각 6,000만 원의 증여세금을 부담한다. 3명의 증여세를 합하면 1억 8,000만 원 가량의 증여세를 내게 되는 셈이다. 물론 증여세의 경우 3%의 세액공제가 있다고 하더라도 차이가 크지 않기 때문에 적은 재산의 경우에는 증여보다 상속이 유리한 경우가 있다.

② 50억 원의 재산을 상속과 증여로 받을 때의 경우를 생각해보자.

구 분	상속세	증여세	증여 후 상속
대상 자산	50억 원	16.5억 원	33억 5천만 원
자녀 3명	-	1인당 5억 5천만 원	-
공제 금액	10억 원(5억 원)	성인 5천만 원	10억 원(5억 원)
공제 후 금액	40억 원	1인당 5억 원	23억 5천만 원
세율 적용	50%	20%	40%
최종 세액	**15억 4천만 원**	**9천 x 3인 = 2억 7천만 원**	**7억 8천만 원**
		10억 5천만 원	

50억 원 이상의 재산이라면 대부분 상속보다 증여가 유리하다. 50억 원 이상의 재산을 상속으로 받는 경우를 계산해보자. 이 경우에는 공제금액이 10억 원까지 적용된다. 물론 배우자의 상속지분이 더 많다면, 공제를 더 많이 받을 수 있지만, 10억 원까지 되는 것으로 가정한다. 상속세는 50억 원에서 10억 원을 뺀 40억 원에 최고세율인 50%가 적용되어 상속세는 약 15.4억 원의 세금을 부담하게 된다.

같은 금액을 가지고 세 자녀에게 10년 전에 5억 5,000만 원씩을 증여를 하게 되면 5,000만 원은 공제가 되고 1인당 5억 원까지는 20%의 세율이 적용된다. 따라서 증여세는 2억 7,000만 원이 되고 증여가액을 뺀 나머지 금액이 상속되면 상속세 최고 40%의 세율이 적용되며 상속세는 7억 8,000만 원이 된다.

증여 후 상속하게 되면, 증여세 2억 7,000만 원에 상속세 7억 8,000만 원을 더해도 10억 5,000만 원의 세금만을 부담한다. 여기에는 물론 많은 가정들이 추가될 수 있지만, 높은 금액의 재산가액에서는 증여 후 상속이 일반적인 상속보다 더 유리하다는 것이 나타난다. 재산이 많을수록 사전증여가 유리하다.

절세하기 전 상속세
기본부터 바로 알기

상속세란 사망으로 그 재산이 상속인에게 무상으로 이전되는 경우에 그 상속

재산에 대하여 부과하는 세금을 말한다. 상속세의 계산 구조는 다음과 같다. 상속

세의 계산 구조를 잘 알면 어떻게 상속을 준비해야 할지 알 수 있다. 이하에서는 상

속세 계산 구조를 살펴보면서 세금 계산단계에 따른 절세 방법을 살펴보도록 하자.

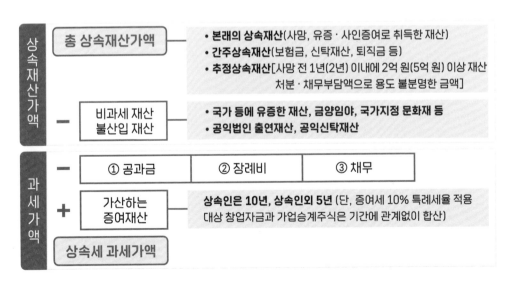

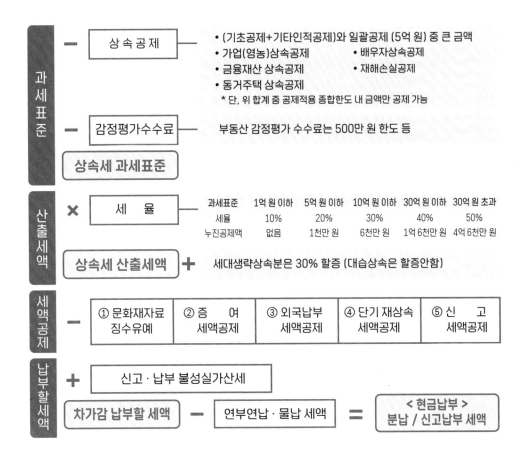

상속재산가액

상속재산가액이란 국내외 소재 모든 재산, 상속개시일 현재의 시가로 평가한 것을 말한다. 사망자^(피상속인)이 상속개시일 현재 거주자인시 비거주자인지 여부에 따라 과세대상 범위가 달라진다.

^(거주자인 경우) 국내 및 국외에 있는 모든 상속재산에 대해서 과세하며 거주자는 6개월 이내에 신고해야 한다. ^(비거주자인 경우) 국내에 있는 모든 상속재산에 대해서 과세하며, 비거주자는 9개월 이내에 신고한다. 비거주자는 기초공제 이외에 공제가 되지 않으므로 상속세 부담이 클 수 있다. 비거주자는 장례비용도 인정되지 않는다.

상속재산의 파악

상속재산은 안심상속 원스톱서비스를 통하여 할 수 있다. 신청은 다음의 정부24 온라인사이트와 구청, 시청 등의 방문을 통하여 가능하다.

• 온라인 신청: 정부24^(www.gov.kr)에서 신청 가능

• 방문 신청: 가까운 시 구, 읍, 면, 동^(주민센터)에 방문하여 신청 가능

• 민원서류 재산조회 통합처리 신청서, 신청인의 신분증^(대리 시 대리인의 신분증, 상속인의 위임장 및 인감증명서), 가족관계 증명서가 필요하다.

자료: 정부24, 〈www.gov.kr/portal/main〉

금융자산과 부동산의 파악

· 금융재산의 파악

금융재산은 안심상속 원스톱서비스에서 확인한 내용을 문자메시지 등으로 알려준다. 그러면 각 금융기관별로 찾아가서 10년간의 거래내역 및 잔액 부채 증명서를 수령하여야 한다. 금융기관에서 요청할 서류는 다음과 같다. 특히 부채 잔액 증명서는 채무가액을 공제해주므로 매우 중요하다.

- 주계좌의 10년간의 거래내역
- 폐쇄 계좌 포함
- 예금 잔액증명서
- 금융기관별 부채 잔액증명서
- 부동산의 파악

부동산은 안심상속 원스톱서비스를 통해 바로 현황 내용과 그 주소에 대해 알수 있다. 금융자산이 개별 금융회사별로 통보해 주는 반면 부동산은 국가에서 관리하는 시스템과 연동되므로 그 내역을 바로 알 수 있다.

원스톱서비스에서 확인한 주소 등의 내용으로 다음의 서류를 준비하면 부동산의 상속 준비가 가능하다. 여기서도 마찬가지로 임차인의 보증금과 채무 내역은 상속재산을 감소시켜 상속세를 줄일 수 있다.

- 부동산 등기부등본, 건축물대장, 토지대장
- 임차인 임대차 계약서 및 부동산 관련 채무 확인서

구분	상속 시 필요서류 종합 안내	
기본서류	사망진단서 1부, 피상속인의 가족관계증명서	
	상속인별 주민등록등본 초본 (동거주택상속공제 파악)	
금융자산	은행계좌	은행계좌별 상속일의 잔액확인서
		10년 내 계좌 내역 (엑셀파일 usb 또는 메일 gtax@gtax)
	펀드	상속일의 평가 잔액 명세서
	상장주식	상속일의 주식 및 평가 명세서
	보험금	상속으로 받는 보험금 등 내역 명세서
	퇴직금	회사 등에서 받아야 할 퇴직금 사망 위로금 등 내역
부동산	토지	등기부등본, 토지대장
	건물	등기부등본, 건축물대장
		임대차 계약서 (상속채무 해당 내용)
비상장주식	주주명부 및 주식관련 평가 서류(세무조정계산서 3개 연도 자료)	
채무내역	은행 및 채권자에 대한 채무내역 확인서	
공과금	공과금 영수증 등	
장례비용	장례비용 및 납골 비용 영수증	
사전증여	상속인에 대한 10년 내 사전증여재산(상속인 이외의자 5년)	
기 타	절세상담 시 필요하다고 인정되는 추가 서류가 있을 수 있음	

보험금 신탁재산, 상속재산은 상속재산으로 의제한다. 상속개시일 현재 상속ㆍ유증ㆍ사인 증여로 취득한 재산^(이하 '본래의 상속재산')이 아니더라도 상속 등과 유사한 경제적 이익이 발생하는 보험금ㆍ신탁재산ㆍ퇴직금 등^(이하 '간주상속재산')은 상속재산으로 보아 과세한다. 상속재산으로 의제한다는 말은 법에서 '추정한다'라는 말과 다르게 해석하여야 한다. 의제는 말 그대로 상속재산으로 본다는 의미이며 구체적 반대 사실이 있는 경우에도 상속재산으로 본다. 그러나 '추정한다'라는 규정은 반대적 사실이 입증되면 상속재산으로 보지 않는다는 것이다.

- 보험금: 피상속인의 사망으로 인하여 지급받는 생명보험 또는 손해보험의 보험금으로서 피상속인이 보험계약자^(보험계약자가 피상속인 외의 자이나 피상속인이 실제 보험료를 납부한 경우 포함)인 보험계약에 의하여 받는 것은 상속재산으로 본다.
- 신탁재산: 피상속인이 신탁한 재산의 경우 그 신탁재산가액과 피상속인이 신탁으로 인하여 신탁의 이익을 받을 권리를 소유한 경우 그 이익에 상당하는 가액은 상속가액으로 본다.
- 퇴직금 등: 피상속인의 사망으로 인하여 피상속인에게 지급될 퇴직금, 퇴직수당, 공로금, 연금 또는 이와 유사한 것은 상속재산으로 본다. 그러나 국민연금법, 공무원연금법 등 각종 법령에 따라 지급되는 유족연금 등은 상속재산에 포함되지 않는다.

사전증여재산 언제까지 합산될까?

사전증여재산이란 생전에 미리 증여한 재산을 말한다. 피상속인이 상속개시일 전 10년 이내에 상속인에게 증여한 재산가액이 사전증여재산으로 상속에 합산되는 금액이다. 그래서 사전증여는 10년 전부터 하는 것이 절세 방법의 하나이다.

상속인이 아닌 사위나 며느리, 손주들에게 증여한 가액은 5년 이내 증여분만 사전증여재산으로 합산된다. 따라서 증여할 때에 상속인이 아니더라도 나누어 증여하게 되면 유리하다. 이와 별개로 증여세 특례세율 적용 대상인 창업자금, 가업 승계주식 등은 기한 없이 합산된다.

- 증여세 추징기한 : 무신고 15년
- 50억 원 이하로 큰 경우 기한 없이 추징 가능
- **상속조사 시 10년 내 통장 조회**

특히 상속신고를 하게 되면, 10년 내의 통장을 조회하므로 통장으로 지급한 내역이 발견되면 사전증여재산으로 상속가액에 합산된다. 증여세의 부정행위나 무신고에 대한 세금을 부과할 수 있는 제척 기한은 15년이다. 15년이 지났더라도 50억 원이 넘는 재산은 증여세 무신고 시 증여사실을 안 날로부터 1년 이내에 부과할 수 있어 제척기한의 한도가 없다.

공과금, 장례비용, 채무는 상속재산에서 차감한다. 공과금은 상속개시일 현재 피상속인이 납부할 의무가 있는 것으로서 상속인에게 승계된 조세·공공요금 등을 말한다. 상속개시일 이후 상속인의 귀책 사유로 납부하였거나 납부할 가산세·가산금·체납처분비·벌금·과료·과태료 등은 공제할 수 없다. 상속세를 신고하다 보면 실제 공과금이 문제가 될 때보다는 실제 임대업이나 소규모 사업을 한 피상속인이 신고를 제대로 하지 않은 경우에 수년간 납부하여야 할 소득세가 많은 경우가 문제가 된다.

돌아가신 아버님의 건물에 대한 임대료 사업소득 신고를 하지 않아 최종 5년간의 소득세를 약 1억 원 가까이 납부한 경우가 있었다. 이는 상속인에게 부과되어 실제 자녀들에게 귀속될 수 있으므로 수정신고를 하는 경우가 많다. 장례비용이란 피상속인의 사망일부터 장례일까지 장례에 직접 소요된 금액과 봉안시설의 사용에 소요된 금액을 말한다. 장례에 직접 소요된 금액은 봉안시설의 사용에 소요된 금액을 제외하며, 그 금액이 500만 원 미만인 경우에는 500만 원을 공제하고 1,000만 원을 초과하는 경우에는 1,000만 원까지만 공제한다. 봉안시설, 자연장지에 사용된 금액은 별도로 500만 원을 한도로 공제한다.

채무란 상속개시일 현재 피상속인이 부담하여야 할 확정된 채무로서 공과금 이외의 모든 부채를 말하며 상속인이 실제로 부담하는 사실이 입증되어야 한다. 특히 채무부담계약서, 채권자확인서, 담보설정 및 이자지급에 관한 증빙 등에 의하여 그 사실을 확인할 수 있는 서류여야 한다. 피상속인이 비거주자인 경우에는 당해 상속재산을 목적으로 하는 임차권, 저당권 등 담보채무, 국내사업장과 관련하여 장

부로 확인된 사업상 공과금 및 채무 등에 한정하여 차감할 수 있다.

상속공제

기초공제와 일괄공제는 기초공제 2억 원 합계액과 5억 원^(이하 '일괄공제') 중 큰 금액을 공제받을 수 있다. 피상속인이 비거주자인 경우에는 기초공제 2억 원은 공제되지만 다른 상속공제는 적용받을 수 없다.

구 분	상속공제
자녀공제	- 자녀수 x 1인당 5천만 원
미성년자공제	- 미성년자수 x 1천만 원 x 19세까지의 잔여연수 * 상속인(배우자 제외) 및 동거가족 중 미성년자에 한함
연로자공제	- 연로자수 x 1인당 5천만 원 * 상속인(배우자 제외) 및 동거가족 중 65세 이상자에 한함

장애인공제	- 장애인수 x 1인당 1천만 원 x 기대여명 연수
	  * 상속인(배우자 제외) 및 동거가족 중 장애인
	  *(기대여명 연수)

배우자상속공제

거주자의 사망으로 인하여 상속이 개시되는 경우로 피상속인의 배우자가 생존해 있으면 배우자상속공제를 적용받을 수 있다. 배우자상속공제가액은 다음과 같이 계산한다.

배우자가 실제 상속받은 금액이 없거나 5억 원 미만인 경우: 5억 원 공제

배우자가 실제 상속받은 금액이 5억 원 이상인 경우: 실제 상속받은 금액^{(공제한}

_{도액 초과 시 공제한도액)} 공제

배우자상속공제한도액은 다음 ①, ② 중 적은 금액을 한도액으로 본다.

① (상속재산가액 + 추정상속재산 + 10년 이내 증여재산가액 중 상속인 수증분 - 상속인 외의 자에게 유증 · 사인증여한 재산가액 - 비과세 · 과세가액불산입재산가액 - 공과금 · 채무) × (배우자 법정상속지분) - (배우자의 사전증여재산에 대한 증여세 과세표준)

② 30억 원

배우자상속공제를 받기 위해서는 재산분할 등기가 중요하다. 실제 상속받은 금액으로 배우자상속공제를 받기 위해서는 상속세 신고기한의 다음 날부터 9개월이 되는 날^(이하 '배우자 상속재산 분할 신고기한')까지 배우자의 상속재산을 분할^{(등기·과등록·과명}

_{의개서 등을 요하는 경우에는 그 등기·등록·명의개서 등이 된 것에 한함)}해야 한다.

상속세 절세 전략
_'금융재산공제'

상속 시에는 막대한 상속세가 부담될 수 있으며 납부재원을 6개월 이내에 마련해야 한다. 이를 위해 금융자산의 일정비율을 가져가야 상속세 납부에 유리하다. 갑작스러운 상속세 부담은 급하게 부동산을 헐값에 처분하거나, 성장성이 좋은 기업을 강제로 매각하는 경우가 생기기 때문이다. 따라서 금융자산을 어느 정도 같이 준비해야 한다. 금융자산을 가지고 있으면 상속세법상 혜택이 있다. 이것이 바로 금융재산공제이다.

금융재산공제

상속에서 금융자산은 부동산보다 불리할 수 있다. 토지 일부 자산은 공시지가로 반영되어 상속재산이 적게 평가될 수 있는데 금융재산은 그 가액으로 평가되기 때문이다. 따라서 금융재산가액은 부동산의 공시가액과 형평을 맞추기 위해 일정 비율의 상속공제를 해주도록 하고 있다. 금융재산공제 금액은 다음과 같습니다.

순금융재산가액	금융재산 상속공제
2천만 원 이하	해당 순금융재산가액 전액
2천만 원 초과 ~ 1억 원 이하	2천만 원
1억 원 초과 ~ 10억 원 이하	해당 순금융재산가액 x 20%
10억 원 초과	2억 원

2,000만 원 이하는 전체 금융재산 가액을 공제해준다. 그리고 2,000만 원을 초과하는 금액부터 1억 원까지는 2,000만 원 공제해주며, 1억 원을 초과하는 금액은 10억 원까지 20%의 금액을 공제해준다. 최대 금융재산 가액이 10억 원을 초과하더라도 2억 원까지만 공제해준다. 그리고 상속재산가액 중 금융재산의 가액이 포함되어 있는 때에는 그 금융재산가액에서 금융채무를 차감한 가액^(이하 '순금융재산의 가액')을 공제한다.

상속세 부담액의 계산

다음과 같이 부동산과 금융재산을 가지고 있는 경우를 가정해 상속재산 가액을 계산해보자. 부동산과 금융자산의 비율은 각 가정마다 다를 것이나, 다음과 같이 10%~20%를 금융자산으로 가지고 있는 경우를 가정한다.

부동산	금융재산	상속세액	세금비율
200억 원	30억 원	3억 6천만 원	16%
300억 원	30억 원	7억 6천만 원	23%
400억 원	50억 원	12억 9천만 원	29%
500억 원	50억 원	17억 9천만 원	33%
700억 원	100억 원	30억 4천만 원	38%
1천억 원	100억 원	45억 4천만 원	41%
5천억 원	500억 원	265억 4천만 원	48%

전체 자산대비 상속세액은 30억 원이 넘어서면서 실효 세금 부담률이 20%를 넘어가게 된다. 그리고 50억 원을 넘어서면 세금 부담율이 30%를 넘어간다. 이런 방법으로 계산하면 100억 원을 넘어서는 상속재산의 경우 세금 부담률은 40%를 넘는다. 따라서 상속재산 대비 얼마만큼의 금융재산을 부담할지 준비하는 것이 바람직하다.

상속세가 크다 보니, 나누어 낸다면 납세자들의 부담이 줄어들 것이다. 상속세는 한 번에 낼 수 있다면 그렇게 해도 되지만, 분납과 물납 그리고 연부연납을 통해 세금을 나누어 낼 수 있도록 하고 있다. 특히 2021년 삼성전자의 이건희 회장이 서거하자 대기업도 큰 상속세가 부담되어 매년 주식을 정리하여 팔게 되는 상황을 고려하여 2023년부터는 연부연납의 기간을 5년에서 최대 10년까지 확대하도록 하였다.

상속세 납부방법은?

상속세는 일시에 납부하는 것이 원칙이나 일시납부에 따른 과중한 세부담을 분산시켜 상속재산을 보호하고 납세의무의 이행을 쉽게 이행하기 위하여, 일정요건이 성립되는 경우에 분할하여 납부할 수 있다. 이 경우 2회에 나누어 내는 것을 분납, 장기간에 나누어 내는 것을 연부연납이라고 한다.

상속세 분납은?

납부할 세액이 1,000만 원을 초과하는 때에는 신고·납부기한이 지난 후 2개월 이내에 그 세액을 아래와 같이 분할하여 납부할 수 있다.

구 분	분할납부 할 수 있는 세액
납부할 세액이 2천만 원 이하일 경우	1천만 원을 초과하는 금액
납부할 세액이 2천만 원 초과하는 경우	그 세액의 50% 이하의 금액

납부할 세액이 2,000만 원 이하일 때에는 1,000만 원을 초과하는 금액을 분납할 수 있다. 납부할 세액이 2,000만 원 초과할 때는 그 세액의 50% 이하의 금액을 분납할 수 있다. 분납의 방법은 상속세 신고서의 '분납'란에 기재만 하면 되므로 따로 신고하거나 허락을 받지 않아도 된다. 그러나 상속세 연부연납은 허가사항이며 연부연납 신청을 하여 허가받은 경우에는 상속세 분납이 허용되지 않는다.

상속세 연부연납은?

상속세는 연부연납으로 수년에 걸쳐 나누어 낼 수 있다. 삼성전자 같은 대형기업도 상속세의 부담이 너무 커서 자금 마련에 어려움을 겪는 상황을 보기 때문에 연부연납의 기한은 2022년부터 최대 10년에 걸쳐 나누어 낼 수 있다.

연부연납을 적용하기 위해서는 먼저 세액이 커야 한다. 신고 시 납부해야 할 세액이나 납세고지서상의 납부세액이 2,000만 원을 초과하는 때에는 아래 요건을 모두 충족하는 경우에 피상속인의 주소지를 관할하는 세무서장으로부터 연부연납을 허가받아 일정기간 분할하여 납부할 수 있다.

연부연납 신청요건

① 상속세 납부세액이 2,000만 원 초과

② 연부연납을 신청한 세액에 상당하는 납세담보 제공

*납세보증보험증권 등 납세담보가 확실한 경우에는 신청일에 세무서장의 허가받은 것으로 간주한다.

연부연납기간은 상속인이 신청한 기간으로 하되, 아래 기간 내에 가능하다.

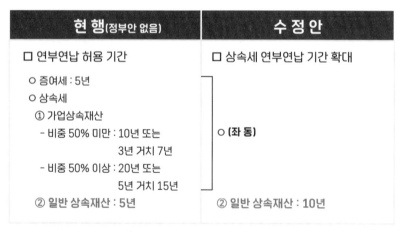

현 행(정부안 없음)	수 정 안
□ 연부연납 허용 기간	□ 상속세 연부연납 기간 확대
○ 증여세 : 5년	
○ 상속세	
① 가업상속재산	
- 비중 50% 미만 : 10년 또는 3년 거치 7년	○ (좌 동)
- 비중 50% 이상 : 20년 또는 5년 거치 15년	
② 일반 상속재산 : 5년	② 일반 상속재산 : 10년

< 수정이유 > 납세 편의 제고

< 시행시기 > '22.1.1. 이후 상속이 개시되는 경우부터 적용

연부연납 신청서는 다음과 같은 양식에 의해 신청하게 된다.

상속세(증여세) 연부연납 허가신청서

<table>
<tr><td rowspan="2">신청인</td><td colspan="3">① 성 명</td><td colspan="2">② 주민등록번호</td><td></td></tr>
<tr><td colspan="3">③ 주 소
(전화번호:)</td><td colspan="2">전자우편주소</td><td></td></tr>
<tr><td>④ 신고(고지납부)
기한</td><td>2021/7/31</td><td>⑤ 총납부
세 액</td><td>60,000,000</td><td>⑥ 최초
납부세액</td><td>10,000,000</td><td>⑦ 연부연납
대상금액(⑤-⑥)</td><td>50,000,000</td></tr>
<tr><td>구 분</td><td colspan="1">1 회</td><td colspan="1">2 회</td><td>3 회</td><td>4 회</td><td>5 회</td><td></td></tr>
<tr><td>납부예정일</td><td>22/07/31</td><td>23/07/31</td><td>24/07/31</td><td>25/07/31</td><td>26/07/31</td><td></td></tr>
<tr><td>납부예정 세액</td><td>10,600,000</td><td>10,480,000</td><td>10,360,000</td><td>10,240,000</td><td>10,120,000</td><td></td></tr>
</table>

「상속세 및 증여세법」 제71조 및 같은 법 시행령 제67조제1항에 따라 위와 같이 연부연납 허가를 신청합니다.

년 월 일

신청인 (서명 또는 인)
신청인 (서명 또는 인)
신청인 (서명 또는 인)
신청인 (서명 또는 인)

등 기 승 낙 서

년 월 일 납세담보제공서에 표시된 부동산에 대하여 납세담보의 목적으로 저당권을 설정할 것을 승낙합니다.

년 월 일

관할세무서기재

신청인 (서명 또는 인)

세무서장 귀하

연부연납 이자부담의 장점

<표> 기간별 연부연납 이자율

'15.3.6.~	'16.3.7.~	'17.3.15.~	'18.3.19.~	'19.3.20.~	'20.3.13.~	'21.3.16.~
2.5%	1.8%	1.6%	1.8%	2.1%	1.8%	1.2%

연부연납은 세금을 나누어 내게 되므로 이자를 내게 된다. 그래도 시중의 금리보다 낮은 이자율을 부담하므로 유리하다. 2021년 3월 16일 현재 국세기본법 시행령 43조의3 제2항에 따르면 현재 1.2%의 세율을 부담하도록 되어 있다. 연도별로 이자율은 변경될 수 있음에 유의하여야 한다.

Q 주택을 증여받은 경우 주택의 가격은 어떻게 평가하나요?

A 증여받은 주택의 가액은 증여 당시의 시가로 평가하며, 증여일 전 6개월부터 증여일 후 3개월까지의 해당 주택의 매매·감정·수용가액 등을 시가로 보도록 하고 있습니다. 또 평가기준일 전 6개월부터 신고일까지 면적·위치 등이 동일·유사한 주택의 매매가액 등도 시가에 포함됩니다. 다만, 평가기준일 전 2년 이내 또는 증여세 신고기한부터 6개월까지 기간에 매매가액 등이 있는 경우 평가심의위원회 심의를 통해 시가로 인정 가능합니다. 주택의 시가를 산정하기 어려운 경우에는 보충적 평가방법[28]에 따라 평가하며 공동주택은 공동주택가격, 단독주택은 개별주택가격으로 평가합니다.

Q 주택을 증여하면서 담보된 채무를 함께 이전(부담부증여)하는 경우 세금은 어떻게 되나요?

A 주택 증여와 함께 주택에 담보된 증여자의 채무를 수증자가 인수하는 부담부증여의 경우, 수증자는 증여재산가액 중 해당 채무액을 공제한 금액을 증여받은 것으로 보아 증여세를 신고·납부하여야 하며 증여자는 채무액 상당하는 부분이 유상으로 이전된 것으로 보아 양도소득세를 신고·납부하여야 합니다. 국세청에서는 부담부증여 시 수증자가 인수한 채무를 전산에 입력하여 사후관리하고 있으며 매년 1회 이상 채무변동

---

28 상속세및증여세법 제61조

내역, 상환자금 등의 출처 등을 확인하여 증여세 탈루 여부를 검증하고 있습니다.

Q. 증여로 절세가 유리한 세율 구간은 얼마인가요?

A. 주택을 증여하는 것은 방법은 높은 양도소득세를 피하면서 비교적 적은 세율로 자녀의 주택을 마련해 줄 수 있는 방법입니다. 증여로 주택을 주기 위해 몇 가지 유의할 사항이 있으니 아래 내용들을 참고하면 좋습니다.

Q. 증여세율이 적은 구간에서 증여가 유리한가요?

A. 증여세율을 살펴보면 다음과 같습니다.

상속증여세율은 10%~50%까지 높지만, 1억 원 이하는 10%의 세율이 적용되고, 5억 원이하는 20%의 세율이 적용됩니다. 따라서 증여의 가액이 20% 이하가 되도록 증여한다면, 비교적 낮은 세금을 적용받을 수 있습니다.

상증세율		
과표	세율	누진공제
1억 원 이하	10%	-
5억 원 이하	20%	1천만 원
10억 원 이하	30%	6천만 원
30억 원 이하	40%	1억 6천만 원
30억 원 초과	50%	4억 6천만 원

낮은 세율 구간에서
증여가 유리

Q. 증여세 부담은 누가 하나요? 부모가 하나요? 자녀가 하나요?

A. 증여세의 부담은 자녀가 합니다. 증여세는 자녀가 부담하는 세금이기 때문에 증여를 해주기에는 소득이 있는 자녀가 유리합니다. 자녀가 소득이 없다면, 증여세 상당액을 부모님이 증여한 것으로 보아 증여세부담분을 또 증여로 봅니다.

Q. 소득이 있는 자녀는 또한 세대 분리가 가능하기 때문에 세대분리를 통해 주택 수를 줄일 수 있다고 알고 있는데요. 세대 분리의 요건은 어떻게 되나요?

취득세와 양도세는 요건이 유사
따로 거주하면서 다음의 요건 중 하나 충족

1. 해당 거주자의 나이가 30세 이상인 경우
2. 배우자가 사망하거나 이혼한 경우
3. 「국민기초생활 보장법」 기준 중위소득의 100분의 40 수준 이상

가구원수		1인	2인	3인	4인
의료급여 (중위40%)	'20년	702,878	1,196,792	1,548,231	1,899,670
	'21년	731,132	1,235,232	1,593,580	1,950,516
	'22년	777,925	1,304,034	1,677,880	2,048,432

A. 세대분리는 따로 거주하면서 나이가 30세 이상이거나, 결혼한 경우여야 합니다. 혼자 사는 경우에는 일정금액 이상의 소득이 있으면 세대분리가 되는데 중요한 것은 세대분리는 주소만 따로 이전해 놓는 것이 아니라 실제로 따로 거주해야 한다는 것입니다.

Q. 증여세 신고 및 납부 후에 수증자가 변심하여 증여를 취소할 경우 과세여부에 대해서 알려주세요.

A. 증여 후 증여를 취소하여 증여재산을 반환하는 경우 원칙적으로 반환도 증여에 해당합니다. 다만 증여세 신고기한이 경과하기 전에 반환하게 되면 당초 증여가 없었던 것으로 보아 본래증여 및 반환 모두 과세대상이 되지 않으며, 증여세 신고기한이 경과한 후 반환하면 당초 증여에 대해서는 증여세 과세를 피할 수 없습니다. 하지만 이 경우에도 증여세 신고기한 경과 후 3개월 이내에 증여재산을 반환하는 경우에는 반환에 대해서는 증여세가 과세되지 않습니다. 증여세 신고기한으로부터 3개월이 경과된 후에 반환하는 경우에는 원칙적인 처리에 따라 본래 증여와 반환 모두 증여세 과세대상이 됩니다. 한편, 상기의 반환에 대한 과세 여부를 판단할 때 증여세 신고기한 이내에 반환을 한 경우라도 반환 전에 상속세 및 증여세법 제76조에 따라 과세표준과 세액을 결정받은 경우에는 본래증여와 반환 모두 과세대상이 되며 금전의 경우에는 반환시기에 상관없이 반환이 이루어지면 무조건 본래 증여와 반환 모두 증여세 과세대상이 됩니다.

Q. 증여 무효소송을 통해 증여 취소하면 3개월 이후에도 취소가 되나요?

A. 증여세 과세대상이 되는 재산이 취득원인무효의 판결에 의하여 그 재산산의 권리가 말소되는 때에는 증여세를 과세하지 아니하는 것이나, 형식적인 재판절차만 경유한 사실이 확인되는 경우에는 그러하지 아니하는 것입니다.[29]

---

29 상증, 증여취소에 따른 증여세 과세여부, 서면-2018-상속증여-2362, 2019. 1. 23.

Q. 가상자산 A가 국세청장 고시 사업자의 사업장인 여러 거래소에서 거래되는 가상자산이고(2022. 2. 5.) A가 가상자산 1개를 증여받은 경우 증여세를 신고하기 위한 가상자산의 평가액은 어떻게 계산하나요?

A. 예시 1) 평가기준일이 2022년 2월 5일이고 국세청장 고시 사업자의 사업장(업비트, 빗썸, 코빗, 코인원) 모두에서 거래되는 가상자산 A의 평가방법입니다.

평 가 대 상 기 간

2022.1.5.(기산일) ————— 2022.2.5.(평가기준일) ————→ 2022.3.4.(종료일)

일자	가상자산 사업장	가상자산	일평균가액(원)	일평균가액의 평균액(원)	A가상자산 평가액
2022.1.5.	업비트	A	11,000		
2022.1.5.	빗썸	A	12,000	12,250*	$\dfrac{12,250+ \cdots +21,750}{59일}$
2022.1.5.	코빗	A	13,000		
2022.1.5.	코인원	A	13,000		**= 15,500 (가정)**
⋮	⋮	⋮	⋮	⋮	2022.1.5.~ 2022.3.4. 까지의 일평균액가액의 평균액으로 계산
2022.3.4.	업비트	A	11,000		→평가기준일 전·이후 각 1개월
2022.3.4.	빗썸	A	12,000	21,750	간의 일평균가액의 평균액
2022.3.4.	코빗	A	13,000		
2022.3.4.	코인원	A	13,000		

*'22.1.5. A가상자산의 일평균가액 : (11,000 + 12,000 + 13,000 + 13,000) ÷ 4 = 12,250 (원)

평 가 대 상 기 간

2022.1.5.(기산일) ————— 2022.2.5.(평가기준일) ————→ 2022.3.4.(종료일)

예시 2) 평가기준일이 2022년 2월 5일이고, 국세청장 고시 사업자의 사입장 중 일부 사업장(업비트, 빗썸, 코인원)에서 거래되는 가상자산 A의 평가방법입니다.

일자	가상자산 사업장	가상자산	일평균가액(원)	일평균가액의 평균액(원)	A가상자산 평가액
2022.1.5.	업비트	A	11,000		$\frac{12,000+ \cdots +22,000}{59일}$
2022.1.5.	빗썸	A	12,000	12,000*	
2022.1.5.	코빗	A	13,000		= 15,000 (가정)
⋮	⋮	⋮	⋮	⋮	2022.1.5.~ 2022.3.4. 까지의 일평균액가액의 평균액으로 계산
2022.3.4.	업비트	A	11,000		→평가기준일 전·이후 각 1개월
2022.3.4.	빗썸	A	12,000	22,000	간의 일평균가액의 평균액
2022.3.4.	코빗	A	13,000		

*'22.1.5. A가상자산의 일평균가액 : (11,000 + 12,000 + 13,000) ÷ 3 = 12,000 (원)

Q. 상속세에서 망자(피상속인)가 상속개시일 현재 거주자인지 비거주자인지 여부에 따라 과세대상 범위가 달라진다고 하는데 거주자와 비거주자의 판단은 어떻게 하나요?

A. [거주자와 비거주자의 판단(상속세 및 증여세법 제2조]

('거주자'란) 국내에 주소*를 두거나 183일 이상 거소를 둔 사람을 말하며, '비거주자'란 거주자가 아닌 사람을 말합니다.

* 국내에 주소를 둔 경우에 해당하는지 여부는 소득세법 시행령 제2조, 제4조 제1항·제2항 및 제4항을 따릅니다.

Q. 형제들이 사이가 좋지 않아 서로 상속세를 안 내려고 합니다. 이런 경우 어떻게 되나요? 상속세 연대납부 책임이 있나요?

A. 상속인이나 수유자는 세법에 의하여 부과된 상속세에 대하여 각자가 받았거나 받을 재산(=자산총액-부채총액-상속세액)을 한도로 연대하여 납부할 의무가 있습니다. 각

자가 받았거나 받을 재산에는 상속재산에 가산하는 증여재산이나 추정상속재산 중
상속인이나 수유자의 지분 상당액이 포함됩니다. 따라서 상속세 납세의무자 등 일부
가 상속세를 납부하지 아니한 경우에는 다른 상속세 납부의무자들이 미납된 상속세
에 대하여 자기가 받았거나 받을 재산을 한도로 연대 납부할 책임이 있습니다.

Q. 상속세 신고서는 어느 세무서에서 제출해야 하나요?

A. 상속세 신고서는 피상속인의 주소지를 관할하는 세무서에 제출해야 합니다. 다만 상
속개시지가 국외인 경우에는 국내에 있는 주된 상속재산의 소재지를 관할하는 세무
서에 제출합니다. 실종선고 등으로 피상속인의 주소지가 불분명한 경우에는 주된 상
속인의 주소지를 관할하는 세무서에 제출해야 합니다.

Q. 상속세 신고기한은 언제까지인가요?

A. 상속세 납부의무가 있는 자는 상속세 신고서를 상속개시일이 속하는 달의 말일부터 6
월 이내에 관할세무서에 제출해야 합니다. 상속개시일이 속하는 달의 말일부터 6월이
되는 날이 공휴일·토요일·근로자의 날에 해당되면 그 공휴일 등의 다음 날까지 신고·
납부하면 됩니다.

예시 1) 상속개시일이 2022년 3월 10일인 경우 상속세 신고기한은 2022년 9월 30일입니다.

피상속인이나 상속인 전원이 비거주자인 경우에는 상속개시일이 속하는 달의 말일부터 9월
이내에 신고서를 제출해야 합니다. 상속개시일이 속하는 달의 말일부터 9월이 되는 날이 공

휴일·토요일·근로자의 날에 해당되면 그 공휴일 등의 다음날까지 신고·납부하면 됩니다.

Q. 상속세를 신고·납부하지 않았을 때 불이익은 어떻게 되나요?

A. 상속세 법정신고기한 내에 상속세 신고서를 제출하면 신고세액공제 3%를 적용받을 수 있습니다. 상속세 법정신고기한까지 상속세를 신고하지 않거나 과소신고하는 경우에는 세액공제 혜택을 적용받을 수 없을 뿐만 아니라 가산세를 추가로 부담하게 됩니다. 신고하지 않거나 과소신고하는 경우 부담하는 가산세는 아래와 같습니다.

일반 무신고 가산세: 일반 무신고·납부세액 × 20%

부정 무신고 가산세: 일반 무신고·납부세액 × 40%

일반 과소신고 가산세: 일반 과소신고·납부세액 × 10%

부정 과소신고 가산세: 부정 과소신고·납부세액 × 40%

다만 상속재산에 대하여 아래와 같은 세 가지 사유에 해당하는 경우에는 과소신고 가산세를 적용하지 않습니다.

① 신고 당시 소유권에 대한 소송 등의 사유로 상속재산으로 미확정된 경우

② 공제 적용에 착오가 있었던 경우

③ 상속재산 평가가액의 차이

상속세를 납부하지 않거나 납부할 세액에 미달하게 납부하면 납부지연가산세를 추가로 부담하게 됩니다. 납부를 지연하는 경우 부담하는 가산세는 다음과 같습니다.

납부지연 가산세: 미납·미달납부세액 × 미납기간 × 이자율(25/10,000)

Q. 사전 증여재산이 상속 시에 합산된다고 들었습니다. 홈택스에서 볼 수 있다고 하는데 상속세 합산대상 사전증여재산 결정정보 제공은 어떻게 신청할 수 있나요?

A. 일반세무서류 신청화면*에서 상속인 전부의 동의를 얻은 상속인 1인이 직접 신청합니다.

* 홈택스 → 신청/제출 → 일반세무서류 신청

홈택스를 통해 신청자가 직접 피상속인의 사전증여재산 결정내역을 확인 신청서 제출 시 제공대상이 상속인 전부로 신청한 경우에는 상속인 모두 조회 가능합니다.

Q. 배우자상속공제시 배우자가 실제 상속받은 금액은 어떻게 계산하나요?

A. 배우자상속공제액은 다음과 같이 계산합니다.

배우자가 상속받은 상속재산가액(사전증여재산가액 및 추정상속재산가액 제외) - 배우자가 승계하기로 한 공과금 및 채무액 - 배우자 상속재산 중 비과세 재산가액 = 배우자가 실제 상속받은 금액

Q. 배우자상속공제를 받기 위한 재산 분할 등기를 6개월 이내에 해야 하는데 가족 간의 불화로 등기를 놓쳤습니다. 이런 경우에 배우자상속공제를 받을 수 없나요?

A. 배우자상속공제를 받기 위해 신고기한까지 납세지 관할세무서장에게 신고하여야 하는 것이 원칙입니다. 다만 상속인 등이 상속재산에 대하여 부득이한 사유로 배우자의 상속재산을 분할할 수 없는 경우로 배우자 상속재산 분할 신고기한 (부득이한 사유가 소의 제기나 심판청구로 인한 경우에는 소송 또는 심판청구가 종료된 날)의 다음 날부터 6개월이 되는 날까지 상속재산을 분할하여 신고하는 경우에는 배우자 상속재산 분할 기한 이내에 분할한 것으로 봅니다. 부득이한 사유는 다음과 같습니다.

· 상속인 등이 상속재산에 대하여 상속회복청구의 소를 제기하거나 상속재산 분할의 심판을 청구한 경우
· 상속인이 확정되지 아니하는 부득이한 사유 등으로 배우자 상속분을 분할하지 못하는 사실을 관할 세무서장이 인정하는 경우

Q. 아버님을 모시고 살고 있습니다. 상속 시 동거주택 상속공제라는 것을 적용받으려면 요건이 있어야 한다고 들었습니다. 어떤 요건을 갖추어야 하나요?

A. 다음의 요건을 모두 갖춘 경우에는 동거주택 상속공제액(6억 원 한도)을 상속세 과세가액에서 공제합니다.

① 피상속인이 거주자일 것

동거주택 상속공제 요건

① 10년 이상 동거
피상속인·상속인이 상속개시일로부터 10년 이상 동거

② 상속인은 상속개시일 기준 무주택자
또는 피상속인과 주택을 공동 소유한 1주택자
(2022 이후 자녀 및 배우자도 적용)

③ 1세대 1주택 보유
피상속인·상속인은 동거기간 동안 무주택

② 피상속인과 상속인(직계비속)이 상속개시일부터 소급하여 10년 이상 계속하여 동거할 것

③ 피상속인과 상속인이 상속개시일부터 소급하여 10년 이상 「소득세법」 제88조 제6호에 따른 1세대를 구성하면서 1주택(같은 호에 따른 고가 주택을 포함한다)에 소유할 것 피상속인의 일시적 2주택, 혼인 합가, 등록문화재 주택, 이농·귀농 주택, 직계존속 동거 봉양한 경우에는 1세대가 1주택을 소유한 것으로 봅니다.

④ 상속개시일 현재 무주택자로서 피상속인과 동거한 상속인(직계비속)이 상속받은 주택일 것 피상속인과 상속인이 다음의 사유에 해당하여 동거하지 못한 경우에는 계속하여 동거한 것으로 보되, 그 동거하지 못한 기간은 동거기간에 산입하지 않습니다. 징집이나 취학, 근무상 형편 또는 질병 요양의 사유로서 기획재정부령으로 정하는 사유에 해당하는 경우는 계속 동거한 것으로 봅니다. 그리고 동거주택 상속공제 금액은 상속주택가액(「소득세법」 제89조 제1항 제3호에 따른 주택 부수토지의 가액을 포함하되, 상속개시일 현재 해당 주택 및 주택 부수토지에 담보된 피상속인의 채무액을 뺀 가액을 말함)의 80%을 공제하며 6억 원을 한도로 합니다.

부동산, 주식, 가상자산부터 상속, 증여까지

절세의 모든 것

초판 1쇄 발행 · 2022년 11월 30일

지은이 · 최인용
펴낸이 · 김동하

편집 · 이은솔
펴낸곳 · 책들의정원
출판신고 · 2015년 1월 14일 제2016-000120호
주소 · (10881) 경기도 파주시 회동길 445 4층 402호
문의 · (070) 7853-8600
팩스 · (02) 6020-8601
이메일 · books-garden1@naver.com
인스타그램 · www.instagram.com/text_addicted

ISBN · 979-11-6416-135-5 (13320)